AF645477

INFO3 VERLAG

Michael Bockemühl

KUNST SEHEN

BAND 10

Nach einer öffentlichen Vorlesung zu Paul Klee
vom 24. November 1992 im Saalbau Witten

David Hornemann v. Laer, Lara-Luna Ehrenschneider, Sinja Jessberger,
Johanna Lamprecht (Hg.)

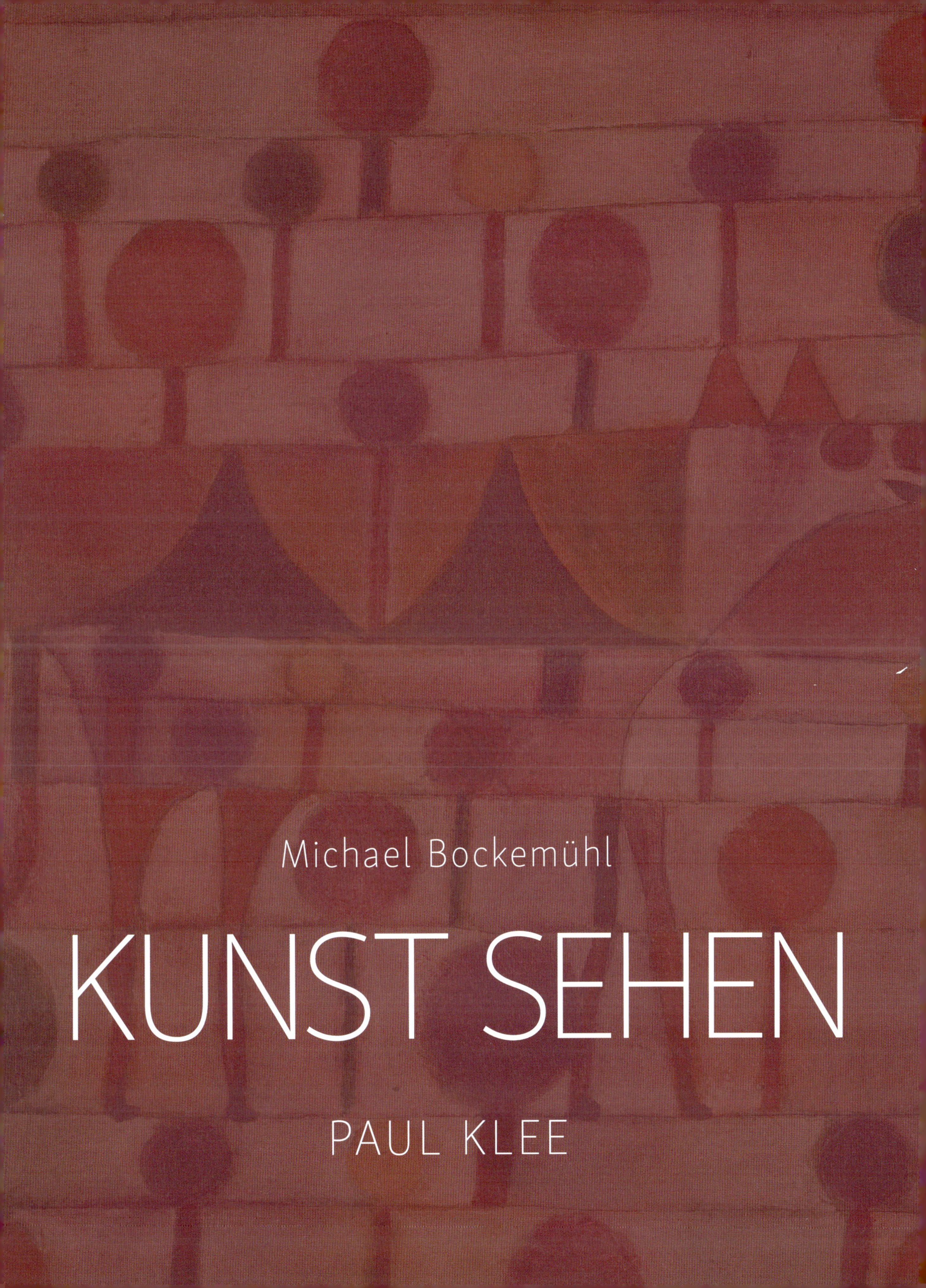

Michael Bockemühl

KUNST SEHEN

PAUL KLEE

INHALT

7

„Bewegung liegt allem Werden zugrunde.“ [1]

Paul Klee

1 | Paul Klee, Empfindender Künstler (Selbstbildnis), 1919

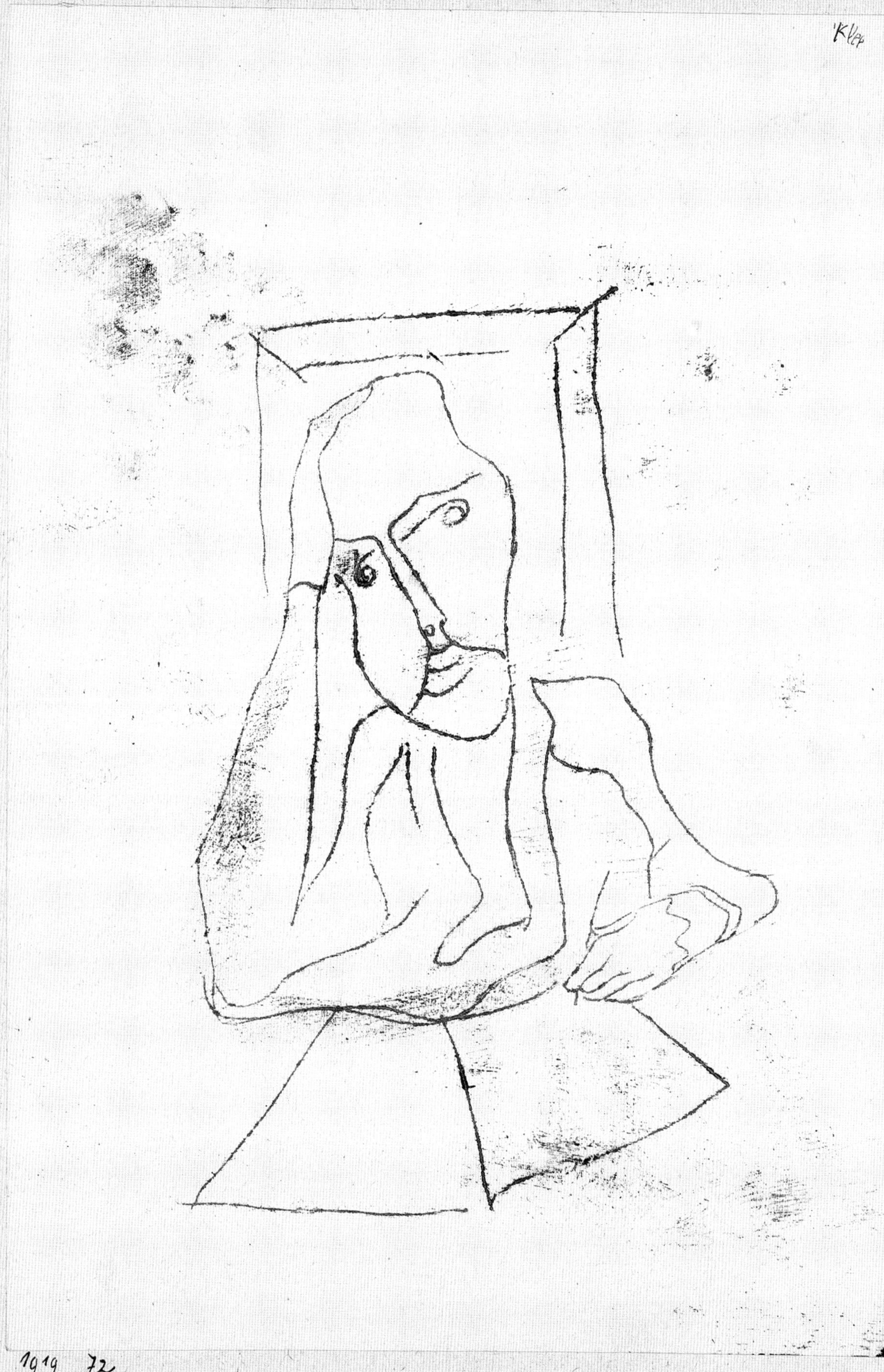

1919 72

ATEMWENDE – ZWISCHEN RUHE UND BEWEGUNG

Über das Sehen gibt es zahllose Veröffentlichungen. In ihnen steht heute meist die Frage im Fokus, in welchen Gehirnarealen die Seheindrücke verarbeitet werden und welche elektrochemischen Prozesse sich dabei abspielen.[2]

Michael Bockemühl betrachtet das Sehen aus einer anderen Perspektive. Von hier aus stellt sich der Sehvorgang nicht als ein rein rezeptiver dar, sondern kann auch als schöpferischer Prozess beobachtet werden.[3] Dazu ist notwendig, dass eine innere Verbindung geschaffen wird zwischen dem Sehenden und dem Gesehenen: „Dies ist aber immer eine Aktivität, die nur vom Sehenden ausgehen kann und die ständig zu leisten ist" (S. 21). Ziel seiner Vorlesungen ist deshalb, sein Publikum zu dieser seherischen Aktivität anzuregen, um es mit dem eigenen Sehen bekannt zu machen.

Auch in der Vorlesung zu Paul Klee öffnet uns der Kunstwissenschaftler in diesem Sinne die Augen. Zum Beispiel weist er auf das „merkwürdige Benehmen" eines Gemäldes (*Abfahrt der Schiffe*, S. 53) im Anschauen hin, welches ihn zu der Frage inspiriert: „Was geschieht zwischen Ruhe und Bewegung?" Hier würde etwas erlebbar, das über das Visuelle hinausgehe: „Da ist Atemholen, Atemwende" (S. 55). Ein „solch harmloses Gebilde" lenke die Aufmerksamkeit auf die schöpferische Ruhepause vor der Bewegung, mithin auf jenen Modus, aus dem gleichermaßen ein Bild, ein Gedicht oder Musik hervorgehen können – Bereiche, die der vielseitige Künstler Paul Klee miteinander zu vereinen weiß und deren Quelle er in seinen Arbeiten wie Reflexionen immer wieder auf *einen* Ursprung zurückführt.

Der Professor der Universität Witten/Herdecke hat es in seinen öffentlichen Vorlesungen zu den Klassikern der Kunstgeschichte nicht auf die Vermittlung kunsthistorischen Wissens abgesehen. Wir erfahren weder seine Deutungen der Kunstwerke noch macht er uns näher mit den biografischen und gesellschaftlichen Hintergründen der Künstler vertraut. Eine solche Herangehensweise würde die Herausgabe einer weiteren Buchreihe nicht rechtfertigen. Neu und bis heute kaum bekannt ist dagegen der Zugang, den uns der passionierte Wahrnehmungsforscher hier eröffnet: Wir werden als Leserinnen und Leser auf eine Expedition mitgenommen, die uns zum *eigenen* Sehen führt. Mehr noch, wir werden zu einem vorurteilsfreien Wahrnehmen angeregt, das uns hilft, bewusster mit unserem Sehen umzugehen. Mit Bockemühls Vorlesungen gelangen wir vom Blicken ins Schauen, vom Träumen ins Hinsehen, vom Gucken ins Vortasten, Nachsinnen und Innehalten – mit Paul Klee gesprochen: „zur Synthese von äußerem Sehen und innerem Schauen."[4]

Die hier verschriftlichten Vorlesungen, die Bockemühl im Wittener Saalbau Anfang der 1990er Jahre hielt, beziehen das Publikum mit ein. Wir werden in Experimente verwickelt und zu Sehübungen ermuntert und lernen, an eigene (Seh)Erfahrungen unmittelbar anzuknüpfen. Das Fernsehen berichtete über diese „sensationelle Veranstaltung": „So viel Begeisterung für die Art der Vorlesung. Kunstgeschichte als Happening – gibt's noch 'ne Steigerung?"[5]

Die Schulung des Sehsinns für eine an den konkreten Eindrücken orientierte, selbstständige Urteilsbildung wird immer unverzichtbarer: „Wir haben verlernt, wirklich zu sehen. Unser Blick für die Schönheit und

Natürlichkeit der Welt ist durch unseren Lebensstil und die Gesellschaft getrübt. Michael Bockemühl zeigt uns anhand von Kunstwerken, wie wir unseren Blick dafür wieder öffnen können"[6], lautete die Rückmeldung einer Studentin auf die Frage nach der Relevanz dieser Vorlesungen.

Im Seminar entschlossen wir uns, diesen Vortragszyklus, den Bockemühl für sein eigentliches Hauptwerk hielt[7], nach und nach herauszugeben, indem wir die in freier Rede gehaltenen Vorlesungen behutsam in Schriftsprache übersetzen und die zugehörigen Bilder ausfindig machen. Dabei begleitet uns das Üben gemäß Bockemühls Credo: „Der Künstler ermöglicht, was der Anschauende verwirklicht."[8] Selbst die bekanntesten Kunstwerke erscheinen so immer wieder aufregend neu und lebendig. An die Stelle abschließender Interpretation tritt das eigene Sehen als ein schöpferischer Mitvollzug – ein Vorgang, der dem Künstler Paul Klee besonders am Herzen lag, denn: „Kunst verhält sich zur Schöpfung gleichnisartig. Sie ist jeweils ein Beispiel, ähnlich wie das Irdische ein kosmisches Beispiel ist."[9]

Zusammen mit dem Info3 Verlag haben wir eine Buchform entwickelt, die auf den Charakter dieser Vorlesungen eingeht: Es ist der Versuch, die Hinweise Bockemühls mit den Abbildungen in eine Balance zu bringen und den Leserinnen und Lesern zu ermöglichen, Anschauliches und Gedankliches *selbstständig* zu verbinden.

Das Hervorbringen eines Bildes und die Komposition von Musik verstand Paul Klee als analoge Tätigkeiten. So kommt eine Besonderheit in diesem Band noch hinzu: Mittels QR-Codes und Weblink werden die in der Vorlesung Bockemühls vorgetragenen Musikbeispiele digital zugänglich gemacht. Sie ermöglichen, während der Betrachtung einzelner Werke auch hörend in die Bilder einzutauchen. Alle Angaben hierzu finden Sie im Anhang unter: 𝄐 **Hörbeispiele** sowie auf unserer Homepage unter: www.kunst-sehen.info/klee.html.

Die Kunst wird nur dann wirksam, wenn wir beim Sehen aktiv werden, wenn wir zwischen Ruhe und Bewegung die Atemwende vollziehen, denn: „Alles Fertige hört auf, Behausung unseres Geistes zu sein; aber das Werden ist köstlich, was es auch sei."[10]

David Hornemann v. Laer
Witten im Juni 2020

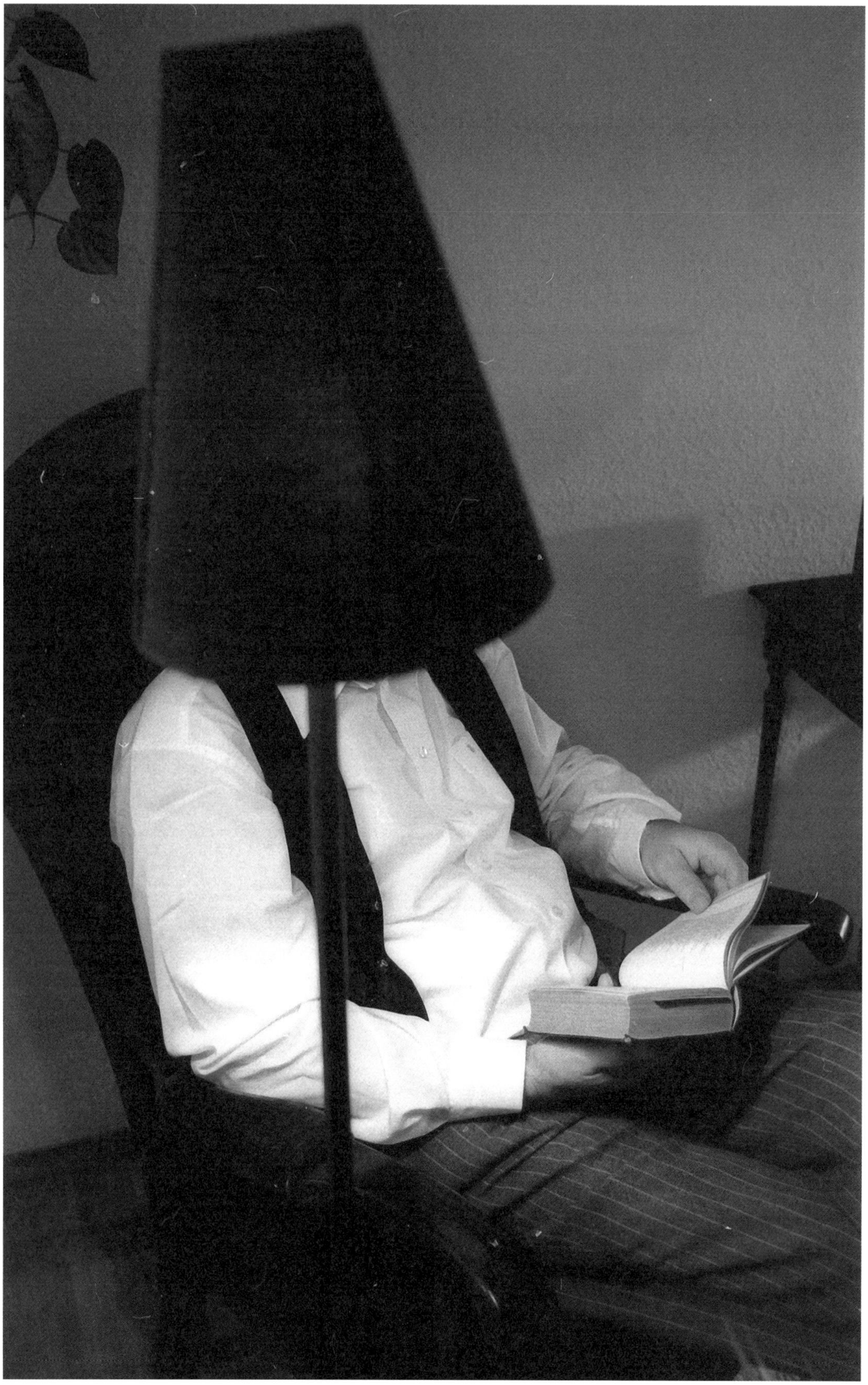

„KUNST GIBT NICHT DAS SICHTBARE WIEDER, SONDERN MACHT SICHTBAR.“ [11]

Paul Klee

Meine Damen und Herren,

mit diesem ersten Satz seiner *Schöpferischen Konfession* aus dem Jahre 1920 läutet Paul Klee eine neue Epoche des Kunstbewusstseins ein. Es sind bekannte Worte, die dem einen oder anderen von Ihnen sicherlich vertraut sind. Gerade diese Vertrautheit macht es möglich, wie aus einer inneren Gestimmtheit ihren Klang als Signatur der neueren Kunst mit zu erfassen. Denn wenn es sich um künstlerische Werke handelt, handelt es sich ja nicht nur um irgendwie verschlüsselte Informationen, die auch auf anderem Wege mitteilbar wären, sondern um ein Erfahren an den primären Elementen. Ein solches Erfahren gewährt eine neue Facette des Anschauens und eröffnet zugleich die Möglichkeit, das Bewusstsein auf den Prozess des Anschauens selber zu lenken. Oder anders ausgedrückt: Jede neue Kunstform bietet die Chance, das Bewusstsein für die eigene anschauende Tätigkeit zu vertiefen.

Ich darf Ihnen zur Einstimmung ein paar weitere kurze Abschnitte aus Paul Klees *Schöpferischer Konfession* zitieren:

> „Wenn ein Punkt Bewegung und Linie wird, so erfordert das Zeit. Ebenso, wenn sich eine Linie zur Fläche verschiebt. Desgleichen die Bewegung von Flächen zu Räumen."[12]

Bemerken Sie, wie hier grundlegende bildnerische Elemente und ihr Verhältnis zu Raum, Bewegung und Zeit benannt werden? Wie sich das ausweitet? Diese Ausweitung in der Komplexion, in der Zunahme der Elemente, befindet sich in einem zeitlichen Prozess:

> „Entsteht vielleicht ein Bildwerk auf einmal? Nein, es wird Stück für Stück aufgebaut, nicht anders als ein Haus. Und der Beschauer, wird er auf einmal fertig mit dem Werk? (Leider oft ja.) Sagt nicht Feuerbach, zum Verstehen eines Bildes gehöre ein Stuhl? Wozu der Stuhl? Damit die ermüdenden Beine den Geist nicht stören. Beine werden müd vom langen Stehen. Also, Spielraum: Zeit. Charakter: Bewegung. Zeitlos ist nur der an sich tote Punkt. Auch im Weltall ist Bewegung das Gegebene." [13]

Und jetzt die Worte, die unmittelbar zum künstlerischen Prozess des Malens gesagt sind:

> „Auch das Kunstwerk ist in erster Linie Genesis, niemals wird es rein als Produkt erlebt. Ein gewisses Feuer, zu werden, lebt auf, leitet sich durch die Hand weiter, strömt auf die Tafel und auf der Tafel, springt als Funke, den Kreis schließend, woher es kam: zurück ins Auge und weiter (zurück in ein Zentrum der Bewegung, des Wollens, der Idee)."[14]

Und jetzt achten Sie auf die folgenden Formulierungen, die leicht überlesen werden, weil wir gewohnt sind, auf den schaffenden Künstler zu blicken:

> „Auch des Beschauers wesentliche Tätigkeit ist zeitlich. Der bringt Teil für Teil in die Sehgrube, und um sich auf ein neues Stück einzustellen, muss er das alte verlassen. Einmal hört er auf und geht, wie der Künstler. Hält er's für lohnend, kehrt er zurück wie der Künstler."[15]

Und jetzt die wunderbarste Stelle:

> „Dem gleich einem weidenden Tier abtastenden Auge des Beschauers sind im Kunstwerk Wege eingerichtet (in der Musik dem Ohr Zuleitungskanäle – das weiß ein jeder – im Drama beides beiden.)
>
> Das bildnerische Werk entstand aus der Bewegung, ist selber festgelegte Bewegung und wird aufgenommen in der Bewegung (Augenmuskeln)."[16]

Zum Sehen, meine Damen und Herren, gehört auch die Frage, wohin man eigentlich sieht. Diese Frage kann man sich eigentlich gar nicht oft genug stellen. Fragen Sie sich streng, wohin Sie blicken, wenn Sie einen Mitmenschen anschauen, um ihn oder sie zu sehen.

Das wird sofort peinlich, wenn Sie sich gegenübersitzen, weshalb ich das jetzt nicht mit Ihnen ausprobieren werde, Sie nicht auffordern werde, Ihren Nachbarn oder Ihre Nachbarin zu mustern. Aber achten Sie mal darauf, wohin Sie eigentlich blicken. Das ist so direkt gar nicht auszuschöpfen.

Das Wesentliche ist zwischen Sichtbarkeit und Unsichtbarkeit insofern, als dass Sie von Ihrem Mitmenschen überhaupt nichts sehen, wenn Sie die Nase angucken. Auch wenn Sie die Augen anschauen, sehen Sie von ihrem Gegenüber nichts. Auch die Beine, die manchmal sehr informativ sein können, nutzen so als Einzelteil nicht viel. Es muss ein gesamthaftes Wahrnehmen in den Beziehungen dieser verschiedenen Glieder eines Organismus sein. Und wenn Sie nur diesen Organismus angucken, haben Sie sozusagen nur die belebte Leiche vor sich, aber das Entscheidende sind natürlich auch der Habitus, der Klang der Worte, der Rhythmus der Bewegungen, die Äußerungen, das Lachen oder Weinen.

Es ist von hoher Wichtigkeit, dass wir immer wieder bemerken, dass das Augenmerk, die Achtsamkeit und Hingabe an das Gegenüber, das eine ist; und dass das, was wir dabei denken, was wir begrifflich erfassen, das andere ist. Weder das eine noch das andere ist pure Erfahrung, beides beeinflusst sich aber wechselseitig und wir erfahren ein Beziehungsgefüge, etwas, das sich dazwischen bildet.

In der Ästhetik, die wir hier als eine Praxis des Anschauens zu entwickeln versuchen, kommt es uns im wahrsten Sinne des Wortes darauf an, das künstlerische Prinzip in das Anschauen selbst bewusst hineinzutragen und zu einer Fähigkeit zu verwandeln. Das ist der Sinn dieser Vorlesungen, denn was uns in der Welt interessiert, sind die Fähigkeiten, nicht das nachlaufende Wissen. Und die kann jeder

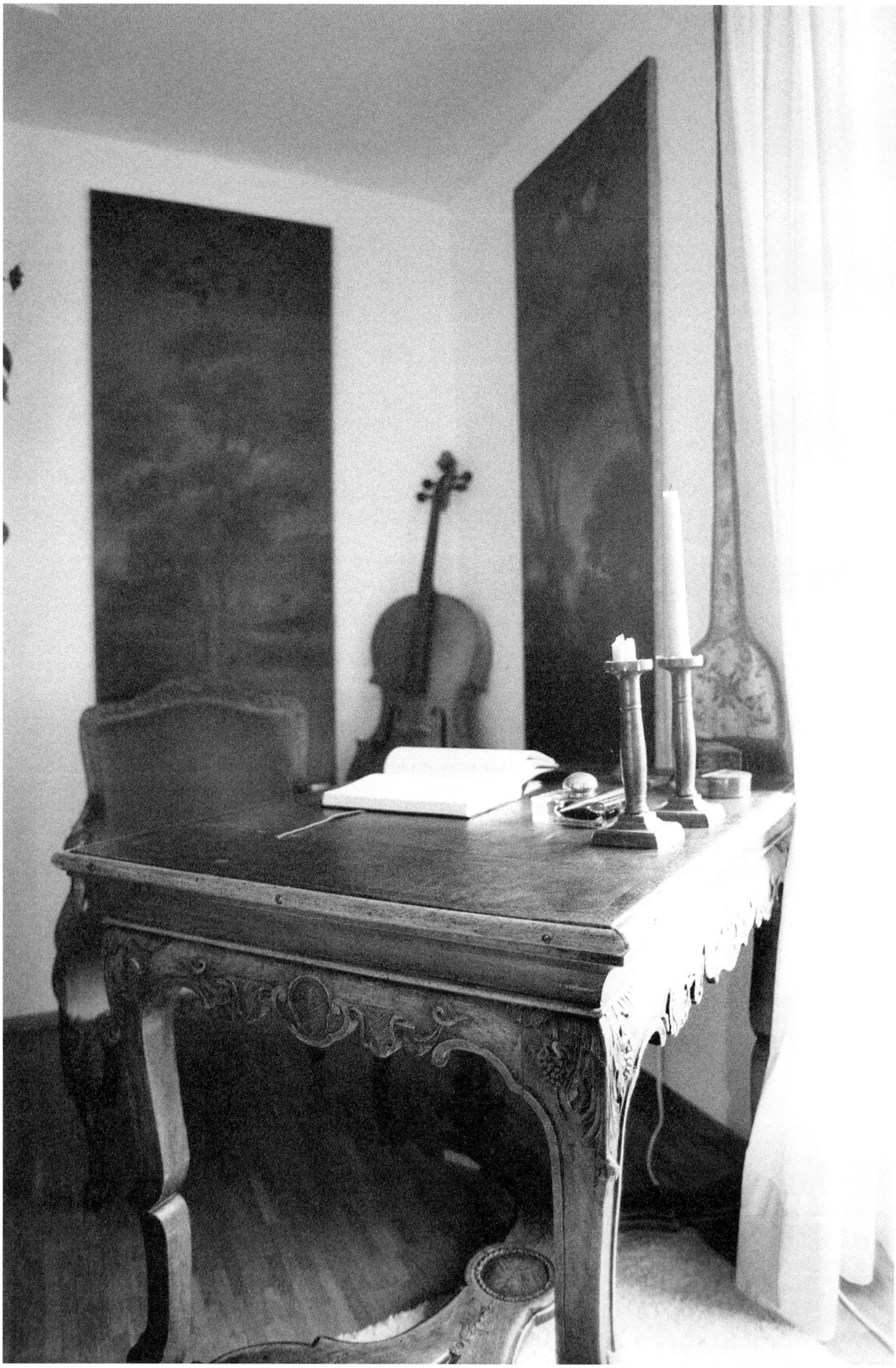

„Wo soll man denn hinblicken, wenn man das Zwischenreich sehen will?“

Mensch nur selber entwickeln. Ich möchte Ihnen deshalb auch hier nur eine Anregung geben für den eigenen Umgang mit den Kunstwerken.

Kandinsky, Nolde, Mondrian und Klee: diese Namen stehen für Kulturinnovationen, für menschliche Impulse, Gestaltungen, Anregungen, die unser ganzes Jahrhundert geprägt haben. Stellen Sie sich vor, diese Malerei hätte nicht stattgefunden. Es wäre ein entscheidendes Defizit, denn ganz bestimmte Elemente wären überhaupt nicht ins Bewusstsein gedrungen.[17]

Paul Klee war bekanntlich nicht nur ein genialer Maler, sondern auch ein genialer Musiker, der schon mit elf Jahren als außerordentliches Mitglied in das Orchester der Bernischen Musikgesellschaft aufgenommen wurde.[18] Auch wenn er später die Musik nicht professionell nach außen gelebt hat, so war er doch ein hochbegabter Geiger und war außerdem noch im höchsten Sinne ein Philosoph, ein Didaktiker, ein Denker und Wissenschaftler. Sein künstlerisches Schaffen hat so stark das Bewusstsein des 20. Jahrhunderts durchdrungen, dass seine Kunst einen wissenschaftlichen Charakter angenommen hat.

Es wäre sehr interessant, sich weiter damit zu beschäftigen, was Klee zur Kunst gesagt hat. Und trotzdem soll hier der Versuch gemacht werden, den Blick auf die Kunstwerke zu richten – anstatt auf das, was als Kunsttheorie höchst beachtlich, höchst bedenkenswert von Klee in seinen Vorlesungen am Bauhaus dargestellt und erarbeitet wurde.[19] Diese wunderbaren Studien und die Tagebücher, alles das müssen wir hier leider in Form eines Hinweises im Hintergrund stehen lassen.

3 | Michael Bockemühls Arbeitszimmer

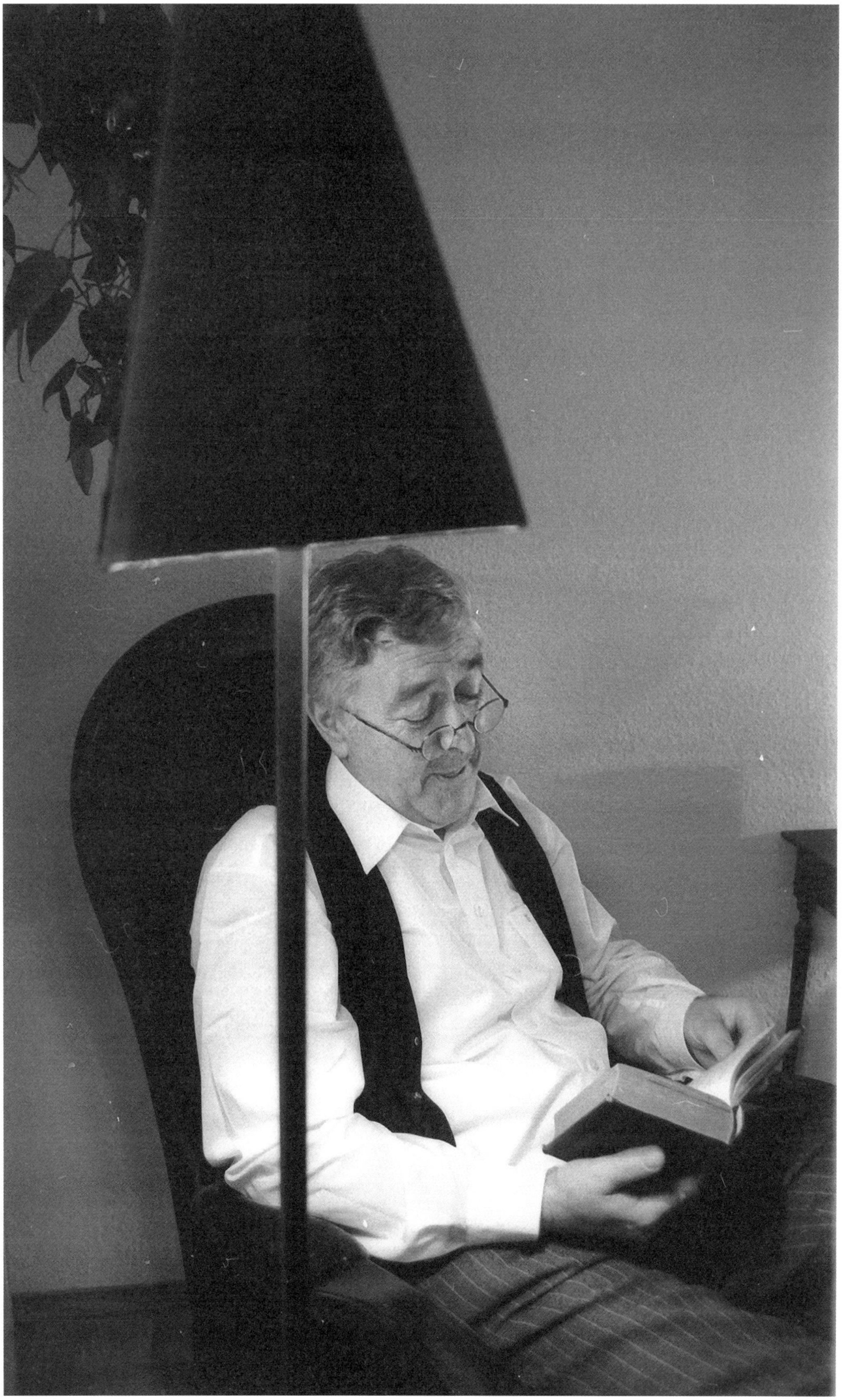

Was mich in meinen Vorbereitungen zu dieser Vorlesung geleitet hat, war ein Buch über Klee aus dem Jahr 1957 mit dem Titel: *Im Zwischenreich.*[20] Dieser Titel hat mich veranlasst zu fragen, wo man dieses Zwischenreich denn finden kann? Wo soll man denn hinblicken, wenn man das Zwischenreich sehen will?

Nur damit Sie eingestimmt werden und bemerken, dass das nicht nur eine Frage der Intellektualität, sondern auch eine Frage des inneren Erfahrens einer konkreten Geistigkeit ist, die diesem Künstler vollständig präsent war, möchte ich auch diesen ganz berühmten Satz von Klee vorlesen: „Diesseitig bin ich gar nicht fassbar, denn ich wohne grad so gut bei den Toten wie bei den Ungeborenen, etwas näher dem Herzen der Schöpfung als üblich und noch lange nicht nahe genug.“ [21]
Also, wo hat man hinzublicken? Ich möchte es mit meinen Worten versuchen: Man hat dort hinzublicken, wo Grenzen sind, denn überhaupt nur an Grenzen kann sich der Blick festmachen. Das möchte ich also als ein erstes Prinzip hier so darstellen: Der Blick macht sich dort fest, wo eine Grenze auftritt. Auch wird es entscheidend dort, wo Grenzen überschritten werden.

Ich möchte anfangen mit dem Kompliziertesten, weil wir sowieso heute damit nicht fertig werden: mit dem Niemandsland zwischen Bild und Musik. Auf dieses Zwischenreich können und müssen wir unsere ganze Aufmerksamkeit richten, wenn wir erfassen wollen, welche Qualitäten die Malerei Klees sichtbar macht.

Ein Musikstück entfaltet sich in der Zeit, und wenn wir es als Ganzes erfassen wollen, müssen wir es vom Anfang bis zum Ende anhören. Das bringt uns zu einem zweiten Prinzip – dass wir die Zeitlichkeit, die in der Musik evident ist, als ein wesentliches Element des Anschauens begreifen und hineintragen in das Bild, das uns gegenübertritt, das zunächst statisch wirken mag, das wir mit Paul Klee jedoch als eine aus der Bewegung herausgefallene Form begreifen können.

Zu Beginn wollen wir uns auf die Prozesse einlassen, die sich zwischen Bild und Musik abspielen, denn ohne sich einzulassen, ohne sozusagen das *weidende Tierauge* auf dem Bild sich bewegen zu lassen, geht es einfach nicht. Rein technisch geht es nicht, denn es muss eine Art innere Verbindung geschaffen werden zwischen dem Gesehenen und dem Sehenden. Dies ist aber immer eine Aktivität, die nur vom Sehenden ausgehen kann und die ständig zu leisten ist.

Ich möchte Sie bitten, bei der Betrachtung dieses Gemäldes *Präludium und Fuge Cis-Dur* aus dem *Wohltemperierten Klavier* von Johann Sebastian Bach[22] zu hören.

Versuchen Sie, diese beiden normalerweise ganz getrennten Kategorien im Anschauen und Hören miteinander so zu verbinden, dass Sie versuchsweise das eine im anderen erfahren.

Konzentrieren Sie sich auf das, was mit Ihnen los ist zwischen dieser Musik und dem Bild. Dabei spielt es keine Rolle, ob Sie das gewohnt sind oder nicht. Es kann Ihnen nichts passieren, denn was Sie nachher sagen, ist ja nur das, was Sie erfahren haben, und möglichst nicht das, was Sie sich ausdenken.

Jetzt kommt meine methodische Kardinalfrage: Fällt Ihnen irgendetwas auf?

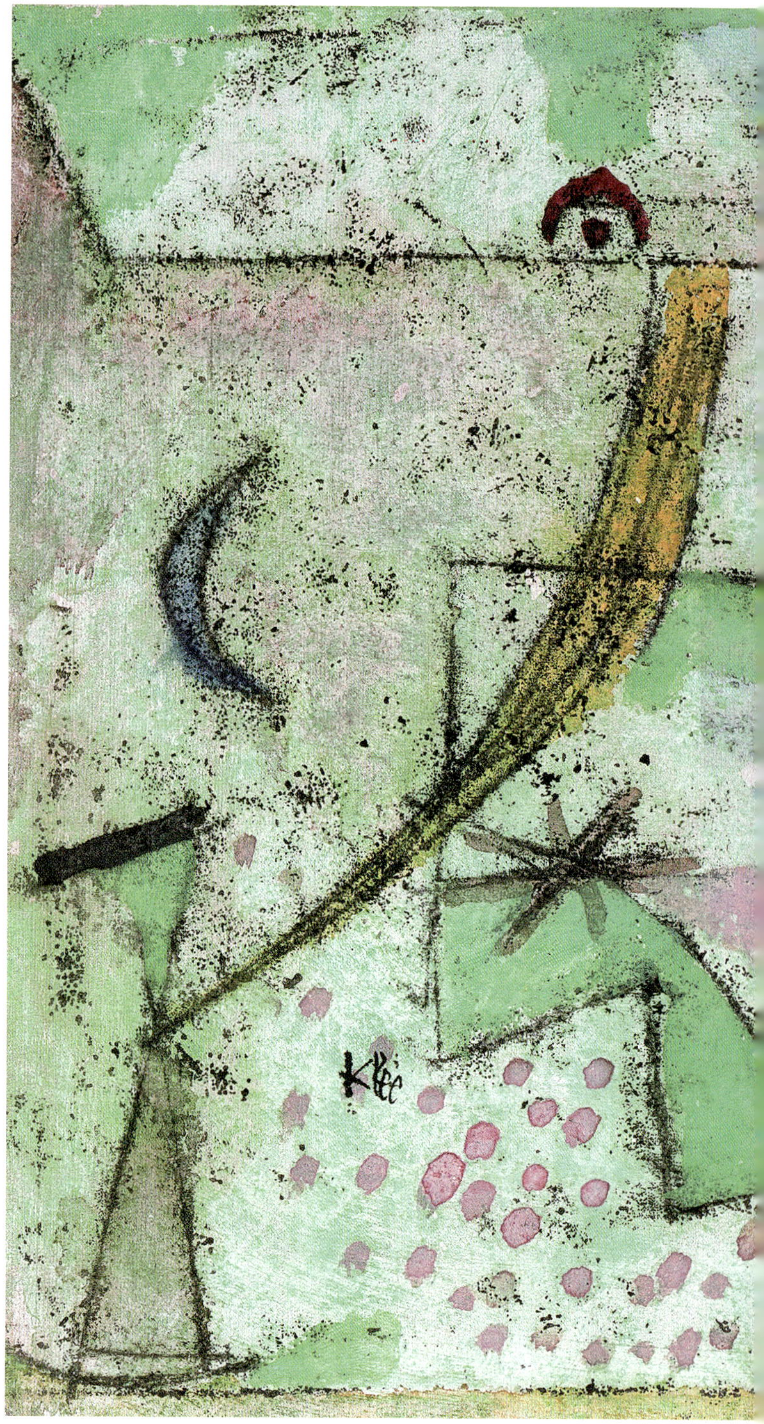

5 | Paul Klee, **Im Bach'schen Stil**, 1919

Hörbeispiel 1
Zu Paul Klee, *Im Bach'schen Stil*
Johann Sebastian Bach, Präludium und Fuge in Cis-Dur, BWV 848

Siehe Seite 85.

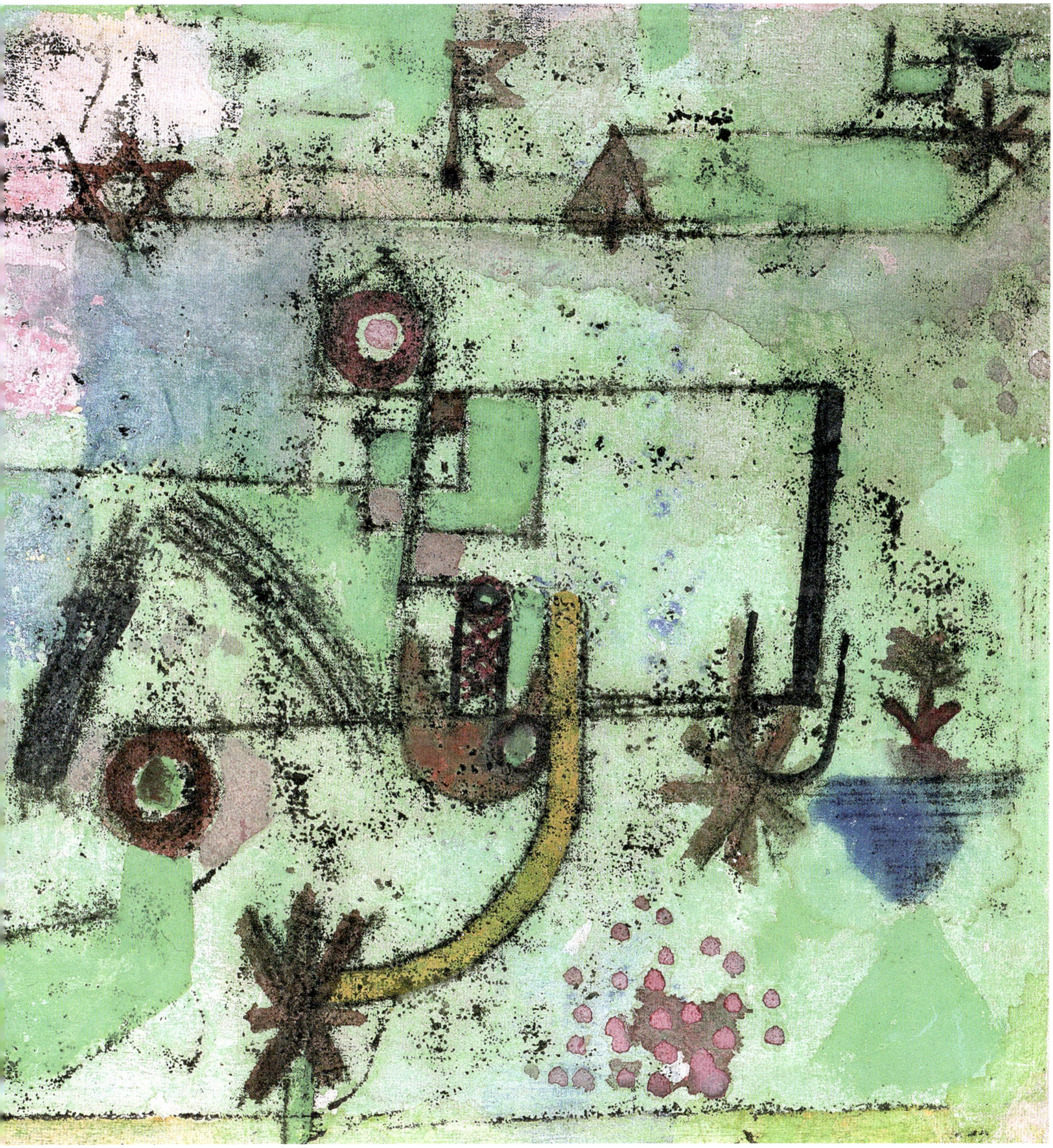

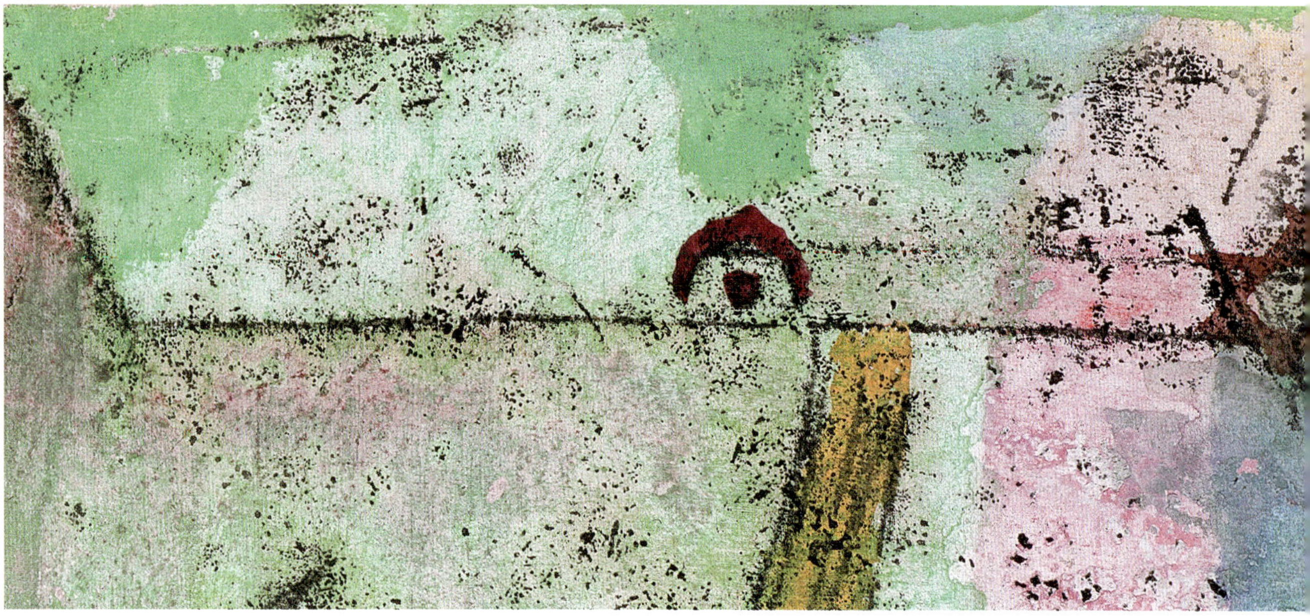

„Das Bild bewegt sich."

„Das Bild bewegt sich!" Wie bitte? „Es kommt im Betrachten ganz nahe!"

„An die Stelle der Gedanken, die ich normalerweise einem Bild entgegenzubringen versuche, tritt die Musik und eröffnet einen Prozess." „Ich hatte beim Sehen und Hören plötzlich das Gefühl, mit den Ohren zu sehen."

Sie sind gerade Zeuge eines Ereignisses! Normalerweise meinen wir, dass es unmöglich sei, mit dem Ohr zu sehen. Man kann es aber doch. Dabei gilt es zu berücksichtigen, dass sich nicht das Bild bewegt, sondern dass sich unsere Wahrnehmung im Bild nach Maßgabe der Töne bewegt. Doch Sie haben noch weitere Beobachtungen anstellen können: „Es ist etwas sehr Heiteres in der Musik wie in dem Bild, eine gemeinsame Atmosphäre: Kinderzimmer-Spielplatz-Assoziation." „Ich habe sowohl Betonungen in der Musik als auch Betonungen im Bild beobachtet."

Betonungen: Man be - tont etwas. Es könnten auch Be - färbungen in der Musik sein. Es sind jetzt jedoch Betonungen im Bild. Hat jemand schon etwas entdeckt an der Notation dieses Bildes?

Natürlich ist das Bild keine Übersetzung der Notenschrift mit bildnerischen Mitteln. Merken Sie, man kann in der Betrachtung derselben gewisse Handbewegungen fast nicht unterdrücken. Das Bild lädt also gewissermaßen zu einer Ausführung ein – wie eine Art Partitur. Es setzt uns in Bewegung – nicht allein unser Auge wird angesprochen, sondern das Bild entfaltet Qualitäten, die auch andere Sinne mit einbeziehen:

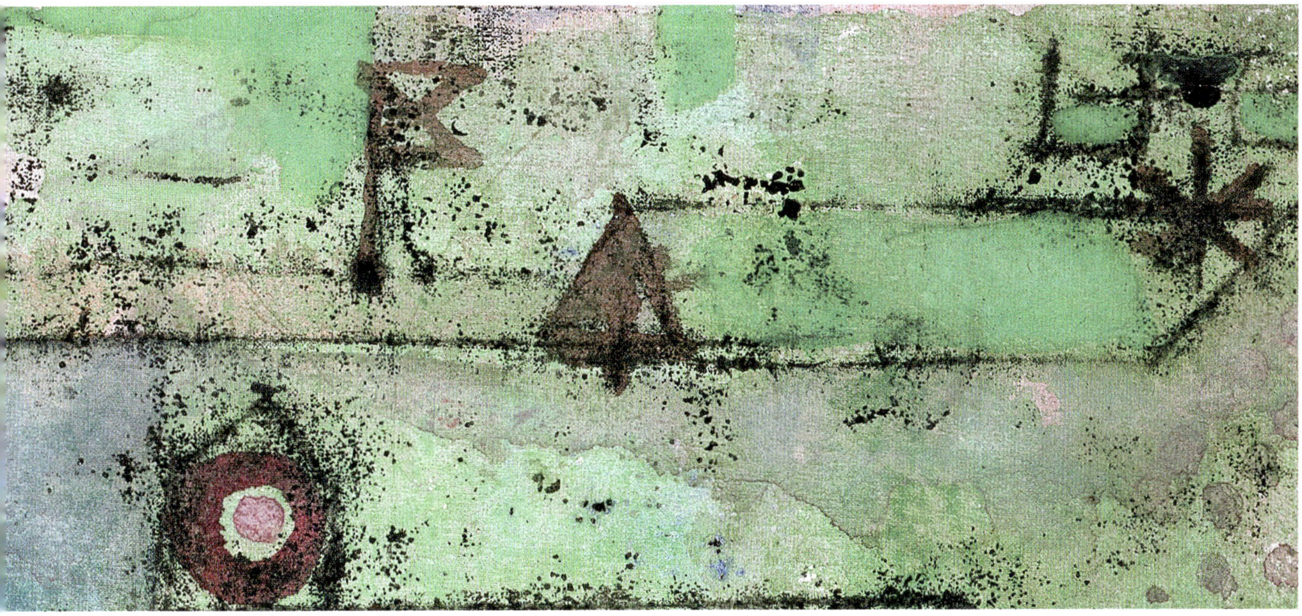

„Wir stoßen auf Rastplätze."

Farbklänge, Tonalität, Motive. Komposition gewissermaßen als Urgrund oder Beweggrund verschiedener künstlerischer Ausdrucksformen.

Das Bild hat den Titel *Im Bach'schen Stil.* Da hat uns Klee einen kleinen Hinweis gegeben. Er hat natürlich nicht gesagt: *Präludium und Fuge in Cis-Dur.*

Die Idee ist hier, das, was wir an einem Stück von Bach wahrnehmen können, in die Erfahrung zu bringen, damit wir nicht nur darüber reden, sondern erleben können, was unter Umständen zwischen den beiden Kompositionen, zwischen Bild und Klang anfängt zu korrelieren – und nicht nur zu korrelieren, sondern ansatzweise – „neuschöpferisch"[23] – eins zu werden.

Es ist außerordentlich spannend zu beobachten, wie sich das Bild durch die Musik belebt und welche Gestik, welche elementaren Anstöße auf Bewegung durch die Musik induziert werden und umgekehrt. Vielleicht erhält ja das Musikstück durch das gesehene Bild einen Horizont, um in einer bestimmten Weise mit den Augen gehört zu werden? Also dass sich hier eine Art Durchdringung von Visuellem und Auditivem, von Sichtbarem und Hörbarem vollzieht?

Eine kleine Anregung: Was passiert denn, wenn Sie mit dem Auge die teilweise parallel zur oberen Bildkante verlaufende obere Linie entlanggehen? Was bewirkt diese Linie?

„Mir erscheint sie wie ein Horizont." Und wenn Sie diese Horizontlinie mit den Augen verfolgen, was vollzieht sich da, wenn Sie das tun? „Wir stoßen auf Rastplätze."

Meinen Sie mit „Rastplätze“ zum Beispiel das rote Zeichen links auf der Linie? Kommt Ihnen das bekannt vor? Musiker nennen das eine Fermate. Ein Punkt und ein nach oben betonter Bogen über dem Punkt, der erste „Rastplatz“. Es folgen zwei weitere solcher „Rastplätze“: ein Sechsstern in Form zweier ineinander verschränkter Dreiecke, dann ein Dreieck.

Und kennen Sie auch dieses Zeichen links unten in der Ecke, die spitz aufeinander zulaufenden Linien? In der normalen Notenschrift ist dieses Zeichen waagerecht und heißt bekanntlich „Crescendo“ oder „Decrescendo“, je nachdem, in welche Richtung die Spitze zeigt.

Es ist mir wichtig, dass in diesem Grenzbereich zwischen Malerei und Musik nun das Wesentliche des schöpferischen Moments überhaupt stattfindet: die Musik, die induziert wird aus den vom Bilde angeregten Blickbewegungen – und zwar auch dann, wenn keine Musik erklingt –, und das Bild, das induziert wird aus den durch die Töne angeregten bildnerischen Tendenzen. So sind wir, wenn wir ein Musikstück hören, ständig auf dem Bild tätig, und befinden uns, wenn wir ein Bild betrachten, ständig in dem von Klee beschriebenen Prozess, das räumlich Gegebene in einen zeitlichen Vorgang zu überführen. Dieser Prozess bekommt seine zeitliche Gestalt von dem Bild selber. Er wird geleitet durch das Bild. Dabei ist zu beachten, dass die Wege punktuell verschieden sind. Wenn Sie zum Beispiel diese perlenden „Töne“ (die rosafarbenen, runden Farbtupfer unten links und rechts im Bild) nehmen, kann ich sehr gut verstehen, dass Sie überhaupt nicht über diese Flecken hinwegkommen, wenn Sie das Präludium hören. Aber Sie können auch die schon erwähnten „linearen Horizonte“ – wie die waagerechte Linie am oberen Bildrand – sehen, wo ein solches Musikstück bei einem Ton anfängt und auf dem Grundton wieder endet. Dazwischen ereignet sich nun das, was an Stationen, an Aufenthalt, an Hemmung, an Beförderung, an Akzeleration, an Crescendo, an Decrescendo im musikalischen Prozess als Gestaltungsmittel wirksam ist und eben auch mit dem Ohr gesehen oder mit dem Auge gehört werden kann.

Ich möchte jetzt einen kleinen Exkurs machen und der Frage nachgehen, wie Klee zu solchen Gestaltungen gefunden hat.

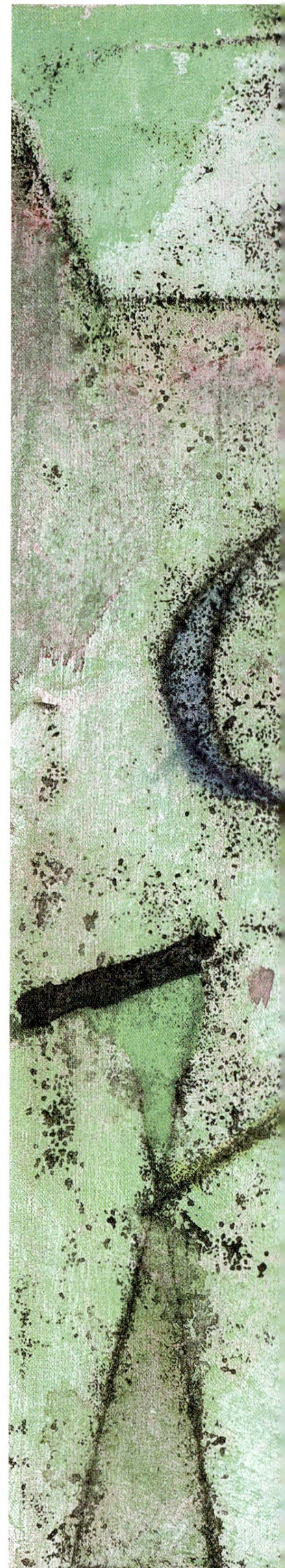

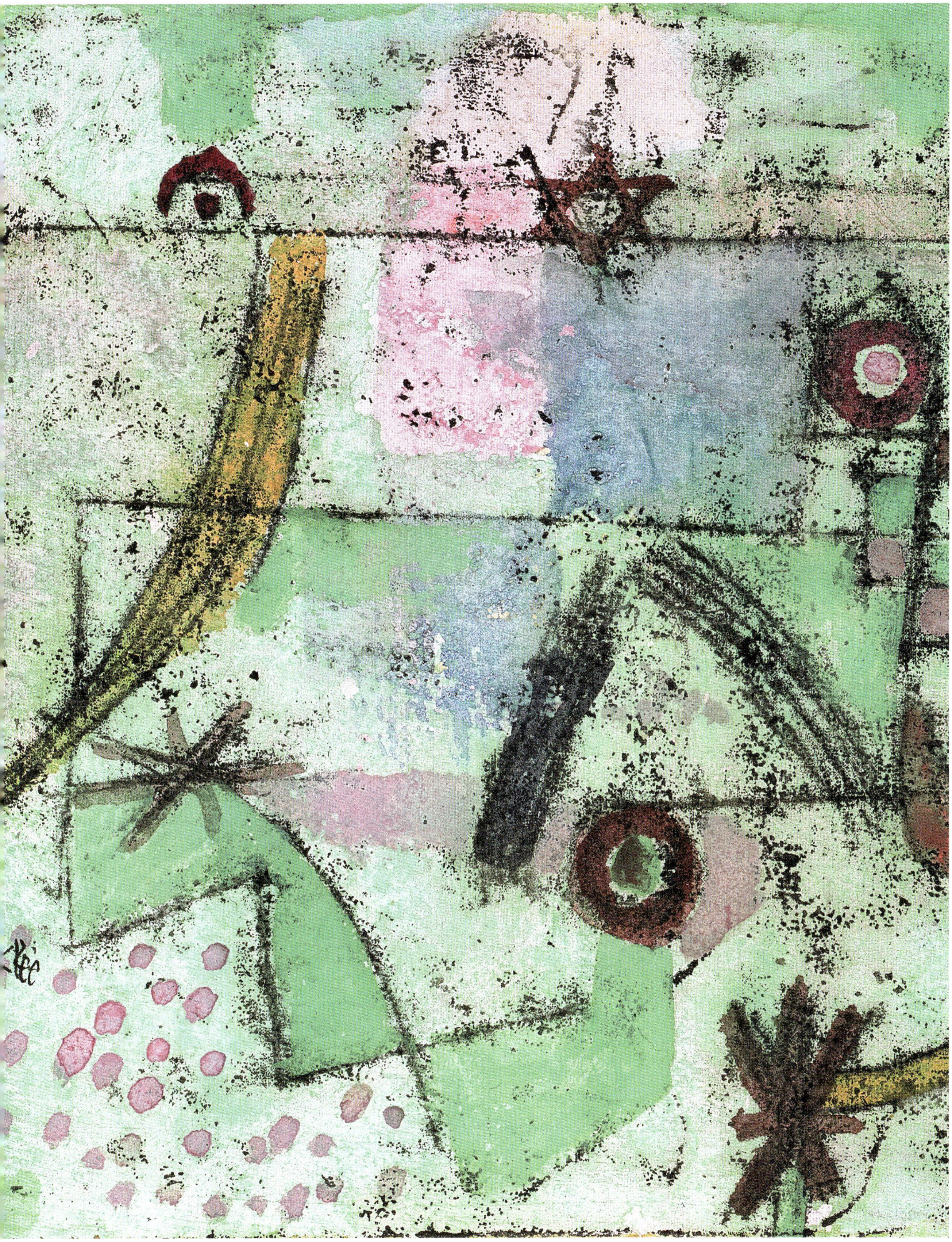

Bekanntlich hat Klee mit August Macke und Louis Moilliet im April 1914 eine Reise nach Tunis unternommen. Sie haben sich da wechselseitig außerordentlich angeregt und sind eingetaucht in das farbige Erfahren der Welt. Wir haben die wunderbarsten Blüten bildnerischer Farbentfaltung in den drei Künstlern, wie sie sich nun da gemeinsam mit dieser Natur, mit der Helligkeit und mit diesen Farben auseinandersetzen.

An dem Aquarell, das Sie hier sehen, können wir bemerken, dass ein bestimmter Farbton, zum Beispiel Ockergelb, nun korreliert mit anderen Bildsetzungen. Der Vorwand, dass das nun ein südlicher Garten ist, ist eigentlich nicht mehr das Entscheidende, entscheidend ist der Zusammenklang der Farben. Beobachten Sie, wie eine Farbtönung mit der anderen korrespondiert und die Formen hier offengelassen sind. Das verdichtet sich in dieser Zeit in Klees Bildern.

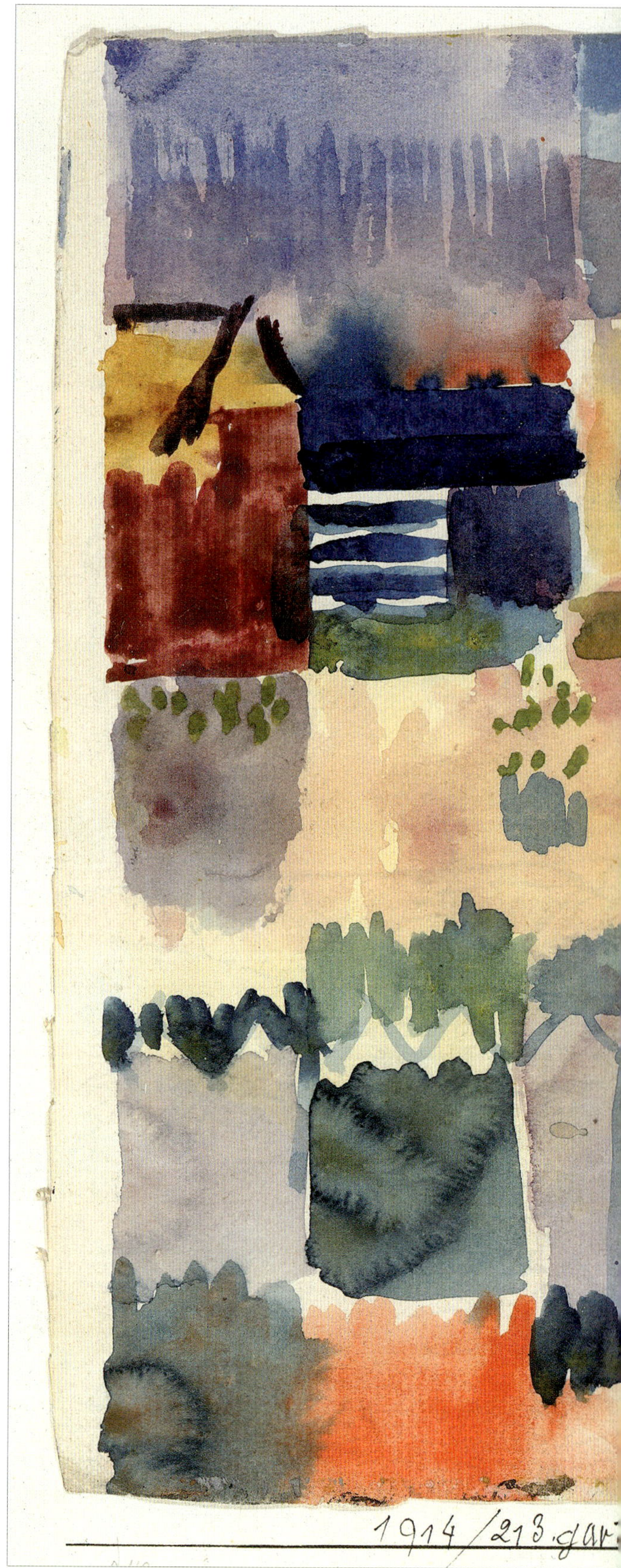

6 | Paul Klee, **Garten in der tunesischen Europa-Kolonie St. Germain**, 1914

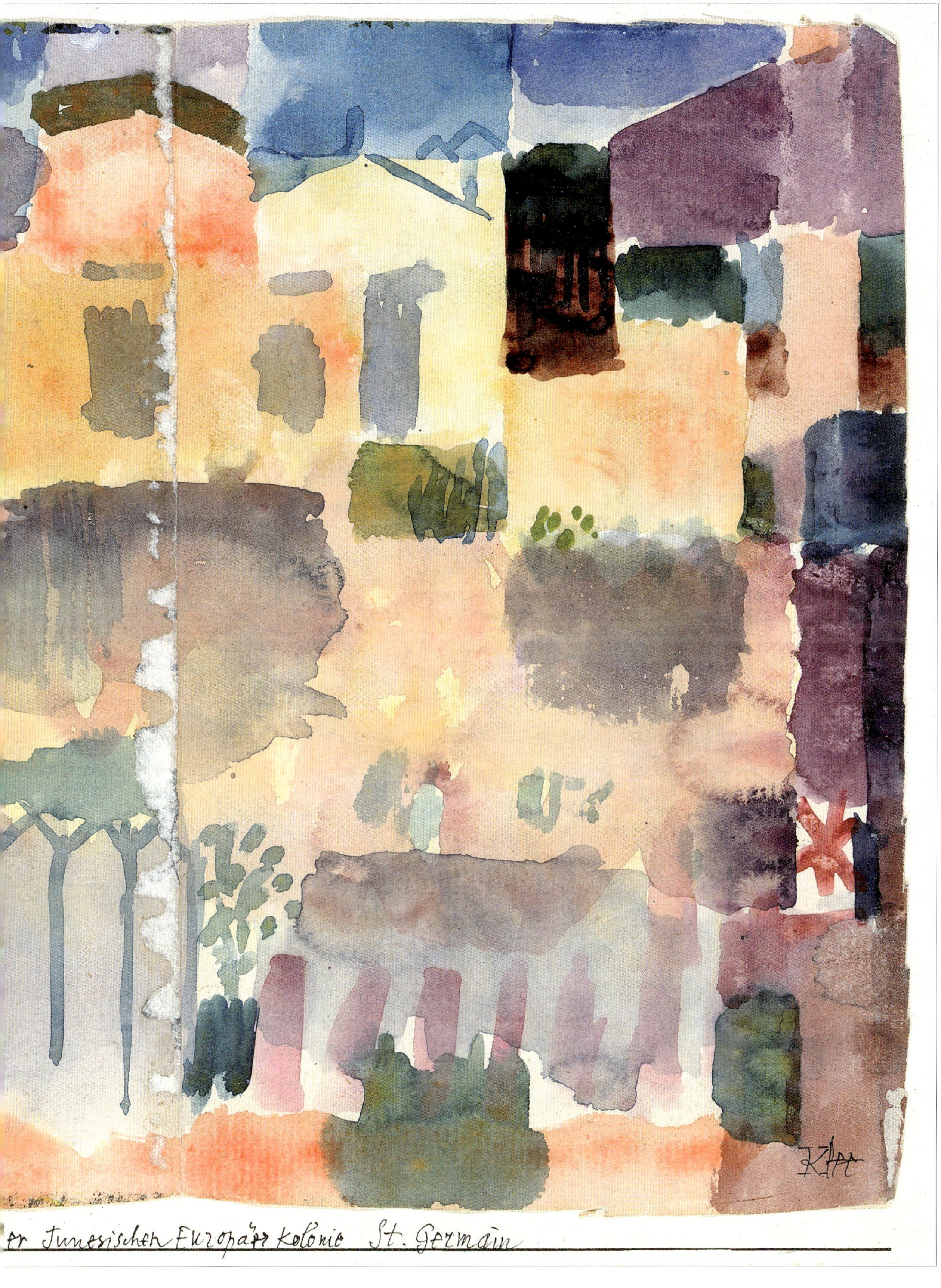
Klee
…er Tunesischen Europäer kolonie St. Germain

„Die Farbe hat mich.
Ich brauche nicht nach ihr zu haschen.
Sie hat mich für immer, ich weiß das.
Das ist der glücklichen Stunde Sinn:
Ich und die Farbe sind eins. Ich bin Maler.“ [24]

Paul Klee

Wenn Sie sich an einen verwunschenen südlichen Garten erinnern, dann meist nicht an einzelne Pflanzen, Parkbänke oder Treppen und Teilbereiche in dem Gebilde, sondern an das Ganze in seiner Beziehungshaftigkeit: das Spiel der verschiedenen Elemente miteinander. Sie erinnern also nicht nur das Außenbild, sondern vor allem auch das, was als Stimmung, als Atmosphäre, als Klang übrigbleibt.

Beobachten Sie, was passiert, wenn Sie die untere rechte Ecke einmal abdecken. Bemerken Sie die vollständige Veränderung des Gesamtcharakters?

Wir finden also nicht nur, dass dann an einer Stelle nichts ist, sondern dass das ganze Bild seine eigene Tönung verändert; es ist ein anderes Bild, eine andere Harmonie.

7 | Paul Klee, **Erinnerung an einen Garten**, 1914

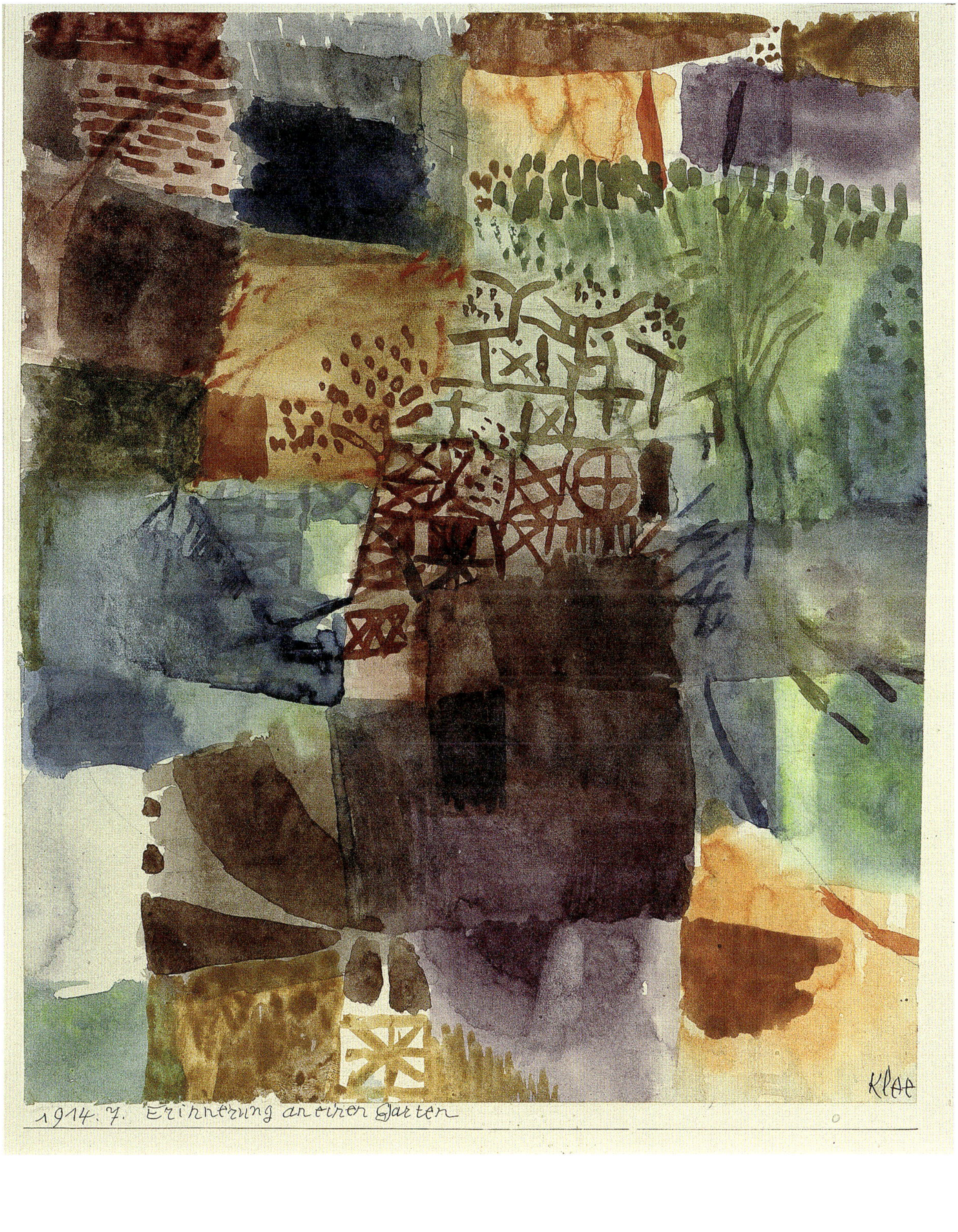
Klee
1914. 7. Erinnerung an einen Garten

Im nächsten Bild, das noch Erinnerungen an Bergformen wecken kann, wird nun mit einer starken Vereinfachung gearbeitet. Sehen Sie, wie genial das gemacht ist mit lasierenden Transparent-Schichten? Das Aquarell ist so aufgesetzt, dass sich Farben überdecken und ein Schichtungseffekt entsteht. In dem Bild ist alles noch einer bestimmten Gegenständlichkeit zuzuweisen – bis auf das rote Rechteck, das annähernd in der Mitte ist und vielleicht noch den einen oder anderen berechtigt zu sagen: „Ja, das ist ein Dach von einem Haus, was da steht.“ Aber diese Zuschreibung ist viel schwächer als die Rotheit in der Bildfläche dort.

Man kann mit einem Begriff belegen, was damals durch die französische Kunsttheorie sehr stark ins Bewusstsein gehoben wurde, etwa durch den französischen Maler Robert Delaunay und den Schriftsteller Guillaume Apollinaire. Letzterer prägte den Begriff „Orphismus“, gemeint in dem Sinne, dass die Urmusik des Orpheus sich in diesem Bildgefüge der Farben unmittelbar aus der Harmonie des Farblichen selbst zum Tönen bringt. Es kommt zu Kompositionen.

Eines ist nun wichtig: zu bemerken, dass der malerische Kompositionsbegriff, der vorher bedeutete, dass Gegenstände auf der Bildfläche zusammengestellt werden, nun in etwas ganz anderes transformiert wird. Es wird hier das musikalische Element im Malerischen als Komposition aufgefasst, also der Versuch unternommen, mit der Malerei selbst – unmittelbar – zu musizieren, mit der Malerei anzuregen, dass man das Bild hört oder die Musik sieht. Klee entdeckt hier ein Prinzip, das sich nun wie ein flüchtiger Hauch verabsolutiert und beim Betrachten in seinen elementaren Wirkungsgesetzen studiert, erobert und durchgearbeitet werden kann – mit vollem Bewusstsein.

8 | Paul Klee, **Föhn im Marc'schen Garten**, 1915

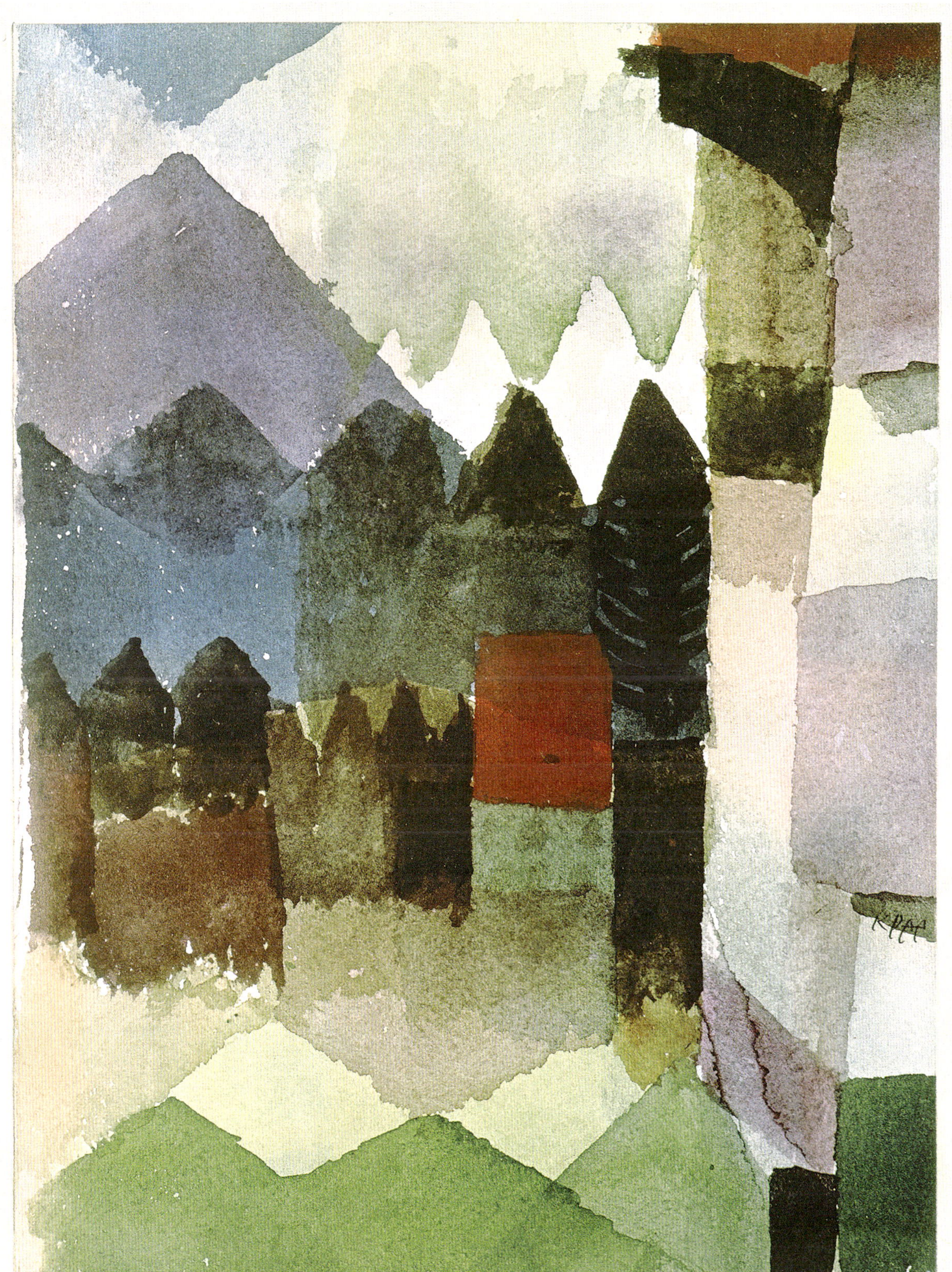
1915 102

Hier nun eines der wunderbarsten Gebilde, das Klee geschaffen hat. Auf den ersten Blick erscheint es wie ein langweiliges farbiges Schachbrett. Wenn Sie von der formalen Gestaltung aber einmal absehen und es ein wenig subtiler anschauen, so ein bisschen feingegliedert sehen, ändert sich das. Stellen Sie es sich in Schwarz-Weiß vor, es wäre der halbe Spaß!

Es ist hier tatsächlich eine so beruhigende Bildordnung, dass die Farbe als Farbe sprechen und sich als Komposition, als Zusammenklang geltend machen kann. Sie sehen, es ist ja hier nur wenig Blau sichtbar, doch gerade dieses Wenige wird zur Hauptsache. Nur ein Orange und alles andere ist sozusagen der Begleittext, der Begleitklang, das, was eine Harmonie dann vervollständigt. Hören Sie, wie das in der Musik klingt (es wird ein Intervall – die Quint – auf dem Klavier vorgeführt, vgl. Hörbeispiel 2).

Wo finden wir die Quint? Zwischen den Tönen! Und so kann man auch bezüglich der Malerei sagen, dass die Harmonie Blau/Orange zwischen den Farben ist. Das ist das Wesentliche des Kontextes. Eigentlich gibt es im Deutschen überhaupt keine Worte, die das positiv benennen. Wir können immer nur sagen, dass hier etwas ist und dort etwas ist – also hier ist dieser Ton, dort ist jener Ton. Das Intervall, das eigentlich das Wesentliche ist, ist nur dazwischen. Der Ausdruck leitet sich ab von dem Lateinischen „intervallum“ und bedeutet „Zwischenraum“, womit der Raum zwischen den Schanzpfählen (lat. vallus) gemeint war. Bei dem Wort „interkolumnium“ ist das positiv benannt, was in einem griechischen Tempel zwischen zwei dicken Säulen ist; also die Säule selber und der Raum dazwischen. Dafür hat man einen positiven Namen gefunden. Einen solchen Ausdruck bräuchten wir eigentlich auch in Bezug auf Farben, doch den gibt es noch nicht.[25] Und so haben wir auch keinen Namen für das, was zwischen zwei Farben klingt. Man könnte von einem „Farbintervall“ oder von einer „Farbharmonie“ sprechen, doch dann ist man schon wieder in dem elenden Zwang, durch Sprache immer zu meinen, man wäre in der Ebene der Metapher, man würde etwas dazu sagen, was selbst nicht so ist. Ich meine aber hier die Wirklichkeit unmittelbar! Kunst spricht nicht von etwas, das woanders ist, sondern ist der Anlass für eine eigene Primärerfahrung in der Anschauung selber. Wenn man mit diesen Primärerfahrungen umgeht, kann es passieren, dass man es hört oder sieht, wie es klingt. Zwischen den Grenzen, in den Demarkationslinien zwischen Musik und Malerei findet nun der eigentliche Teil der Wirklichkeit statt: das Zwischenreich als Ort der Wirklichkeit.

9 | Paul Klee, **Harmonie Blau-Orange**, 1923

Hörbeispiel 2
Intervall Quint

Siehe Seite 85.

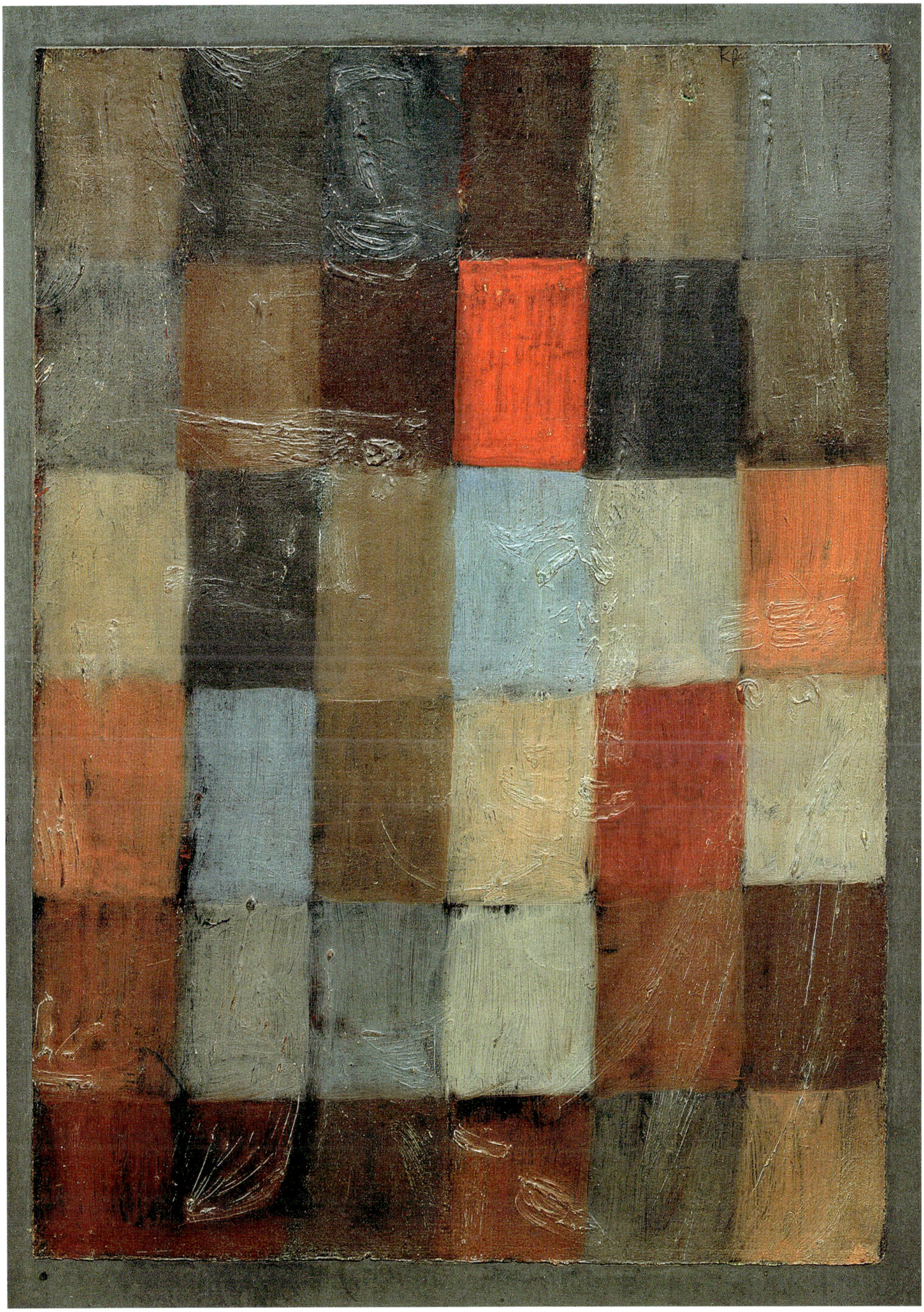

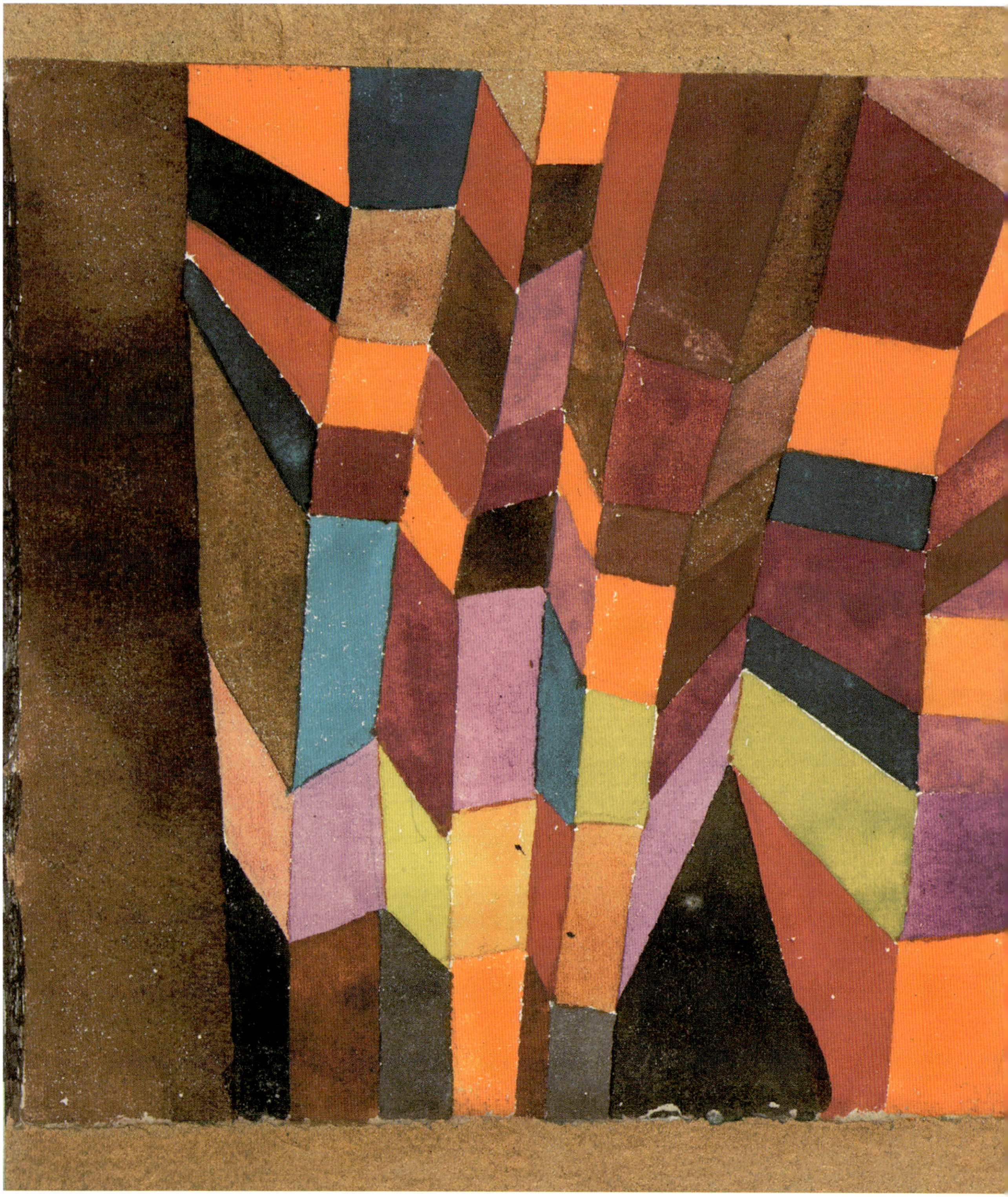

Hier sage ich nur den Titel dazu: *Herbstlicher Klang.*

10 | Paul Klee, **Herbstlicher Klang**, 1920

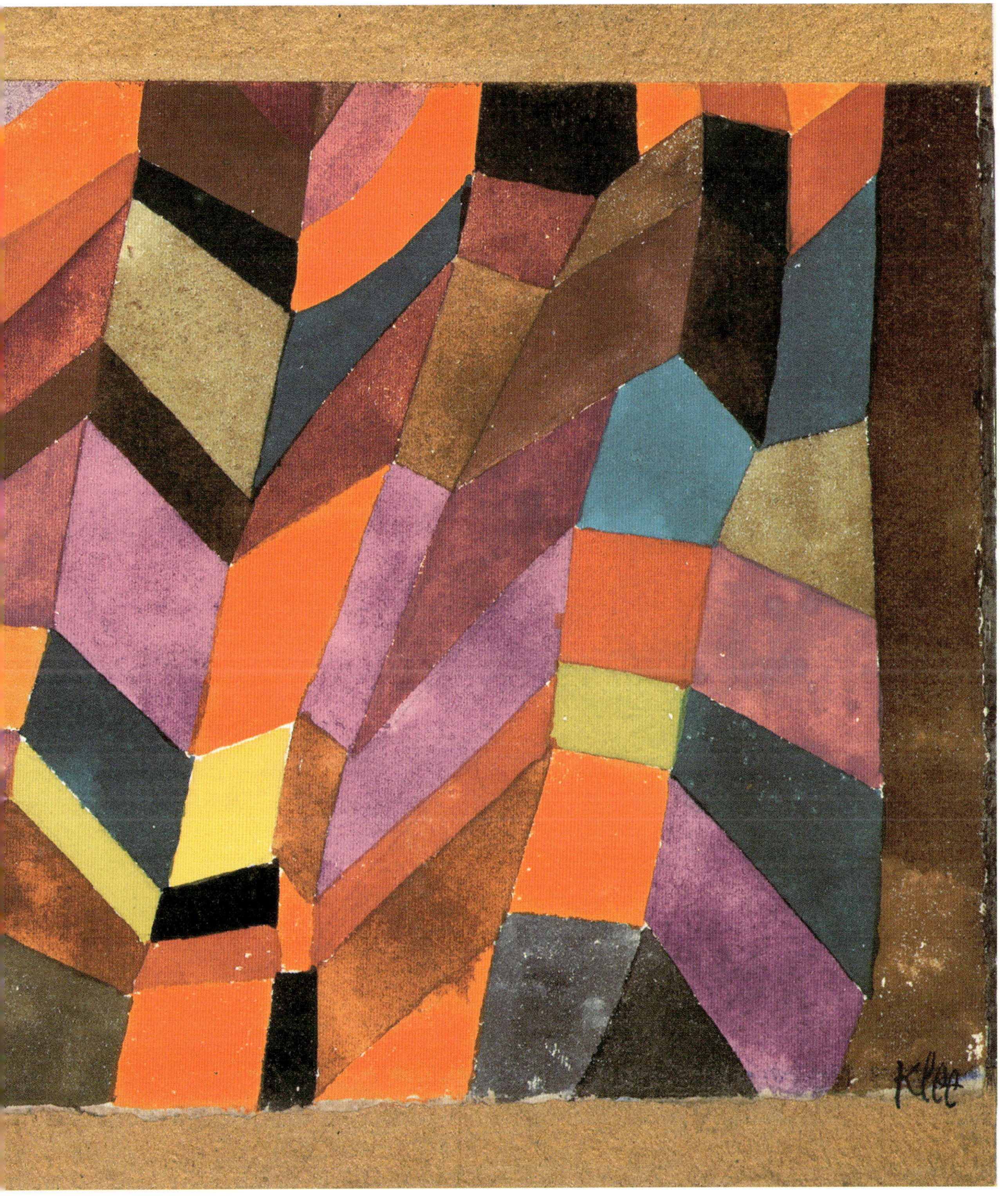
Klee

Ich möchte Sie darauf hinweisen, was sich in einer wunderbaren, expliziten Form hier heute zugetragen hat: wir konnten anhand der Bilder und Klangbeispiele erfahren, dass wir plötzlich die Fähigkeit haben, etwas Klangliches im Optischen und umgekehrt etwas Optisches im Klanglichen wahrnehmen zu können. Wir nennen das Synästhesie, das Zusammen-Erfahren von verschiedenen Sinnesbereichen, das Zusammen-Wahrnehmen von getrennten Elementen. Wir haben ganz verschiedene Arten, wie immer wieder auch Gerüche, Bewegungen, Stimmungen zusammengebracht werden, an einer Sache sich entzünden, eine Vielfalt, ich möchte sagen: einen ganzen Fächer von mit wahrgenommenen Elementen aus anderen Sinnesbereichen. Und man kann das gar nicht wichtig genug nehmen.
In der Kunst Klees kommt es zu einer methodischen Aktivierung des synästhetischen Wahrnehmens, insofern ständig freie bildnerische Assoziationen auf anderes hin geweckt werden. Und wenn man dann wieder zurückgeht auf das, was unsere Sprache bereithält, dann können wir gar nicht anders als vom „Farbton", vom „Farbklang", von „Farbharmonie" sprechen.

Doch was macht denn einen Ton hoch oder tief? Dazu liefert auch der blödsinnige Witz – wenn der Sänger nicht raufkommt, dann soll er sich auf einen Stuhl stellen, um das hohe C zu erreichen – keine Antwort, denn „hoch" und „tief" sind zur Beschreibung, auch wenn es nur metaphorisch wäre, gar nicht angemessen. Hoch und tief bezieht sich auf die Gespanntheit, auf die Dichte, auf die Intensität.

Wir haben also Formen der Verständigung, die schon sozusagen sedierte, festgelegte Synästhesien in sich tragen. Diese sind so kodifiziert, dass wir nicht lange überlegen müssen. Es sind also feste Begriffe, über die wir uns genauso schnell und deutlich verständigen wie darüber, dass ein halbes Pfund Margarine soundso viel kostet.

11 | Paul Klee, **Neue Harmonie**, 1936

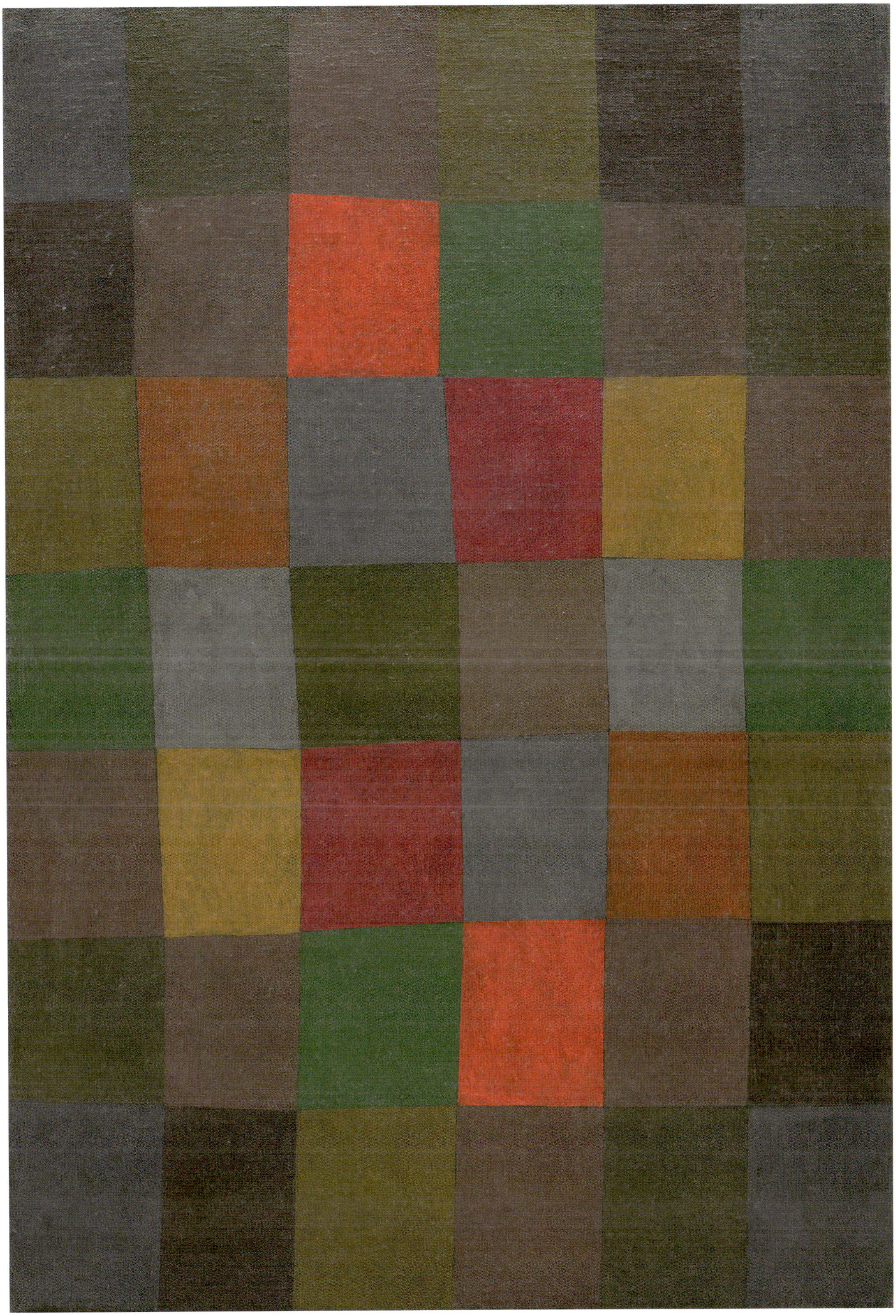

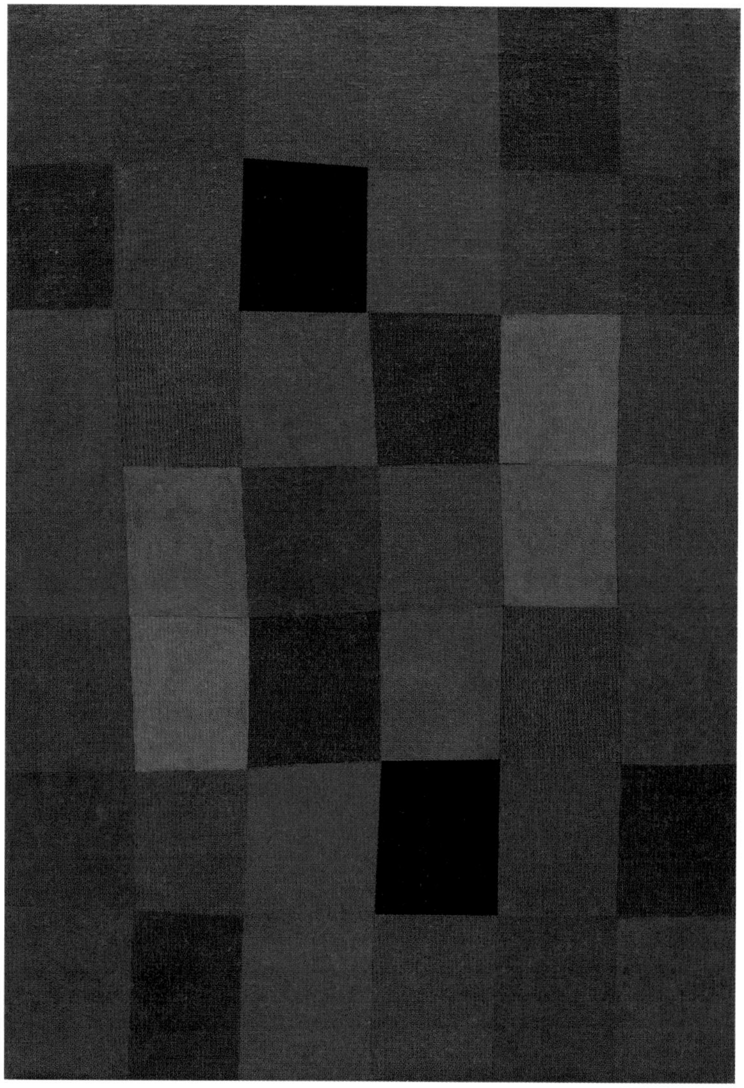

Hier nun ein neuer Klang: das Intervall im farbigen Bereich selbst. Machen Sie an diesem Bild einmal eine zweihändige Operation. Also, wer zwei Daumen hat, kann das ganz besonders gut machen: von oben das eine Rot und von unten das andere Rot herausoperieren, aber währenddessen die dazwischen und die umliegenden Farben beobachten. Die Grauwerte: Sind die gleich mit den roten Quadraten? Oder sind die ungleich? Und wenn ja, auf welche Weise sind sie ungleich? Bemerken Sie, wie die übrigen Rechtecke in ihrem Farbwert zusammenrutschen, wenn das Rot nicht zu sehen ist? Und wenn das Rot da ist: Ändert sich dann der Farbwert? Bleibt der Farbton derselbe?

Sie sagen: „Das Rot wirkt und leuchtet auf seine Nachbarn." „Das Bild wird durch die Leuchtkraft des Rots insgesamt heller."

Wenn Sie dieses Spielchen subtil treiben, und das ist nun eine Frage des *abtastenden Auges* des Betrachters, dann können Sie beispielsweise beobachten, dass das Herausnehmen bestimmter Farbtöne eine Umfärbung aller anderen Farbtöne

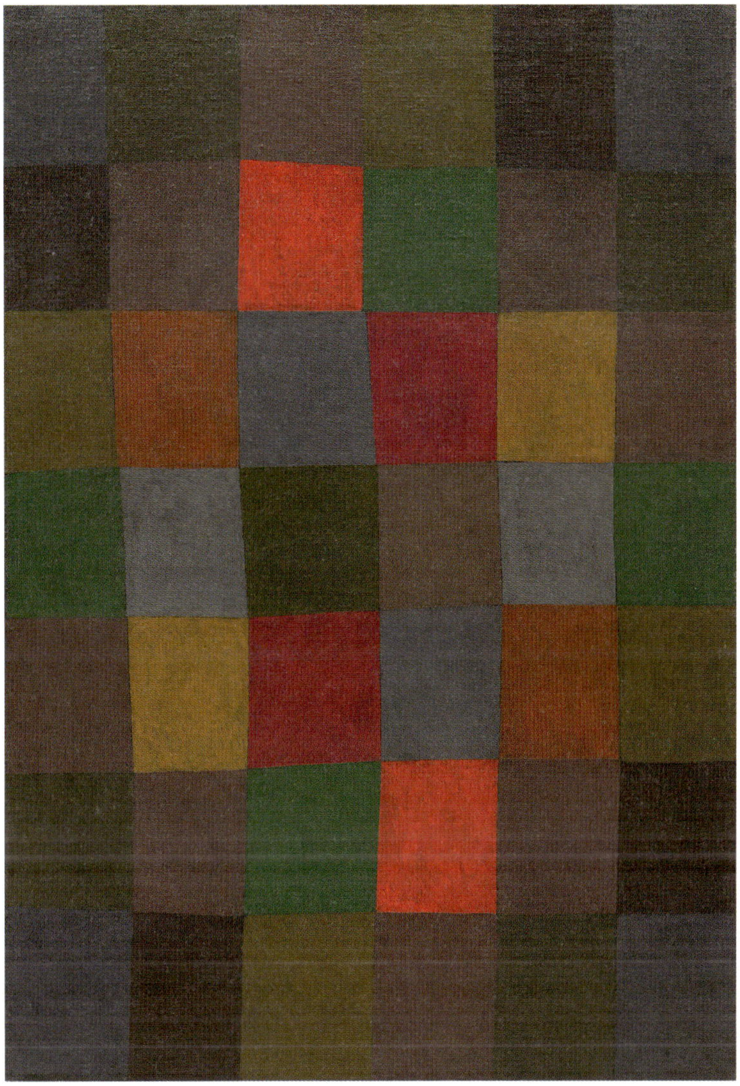

bedingt. So lädt sich beispielsweise das Graugrün auf, wenn Sie das Rot wirklich sehen, und wenn es weg ist, sinkt es wieder ins Grau zurück. Das sind nun aber Fragen des längeren Umgangs damit. Farbe tritt eben von sich aus harmonisch, das heißt, in einem bestimmten Klang-Beziehungs-Verhältnis von vornherein auf.

Nun hat sich Klee nicht nur mit den harmonikalen, sondern auch mit den strukturalen Tendenzen befasst. Wir hören uns jetzt beim Anschauen des nächsten Bildes (nächste Doppelseite) noch einmal den Anfang der Fuge von Bach an (Hörbeispiel 3). Dabei achten wir weniger auf den Charakter der einzelnen Töne als auf die Struktur, den Aufbau der Komposition.

Hörbeispiel 3
Johann Sebastian Bach, *Fuge in Cis-Dur*, BWV 848

Siehe Seite 85.

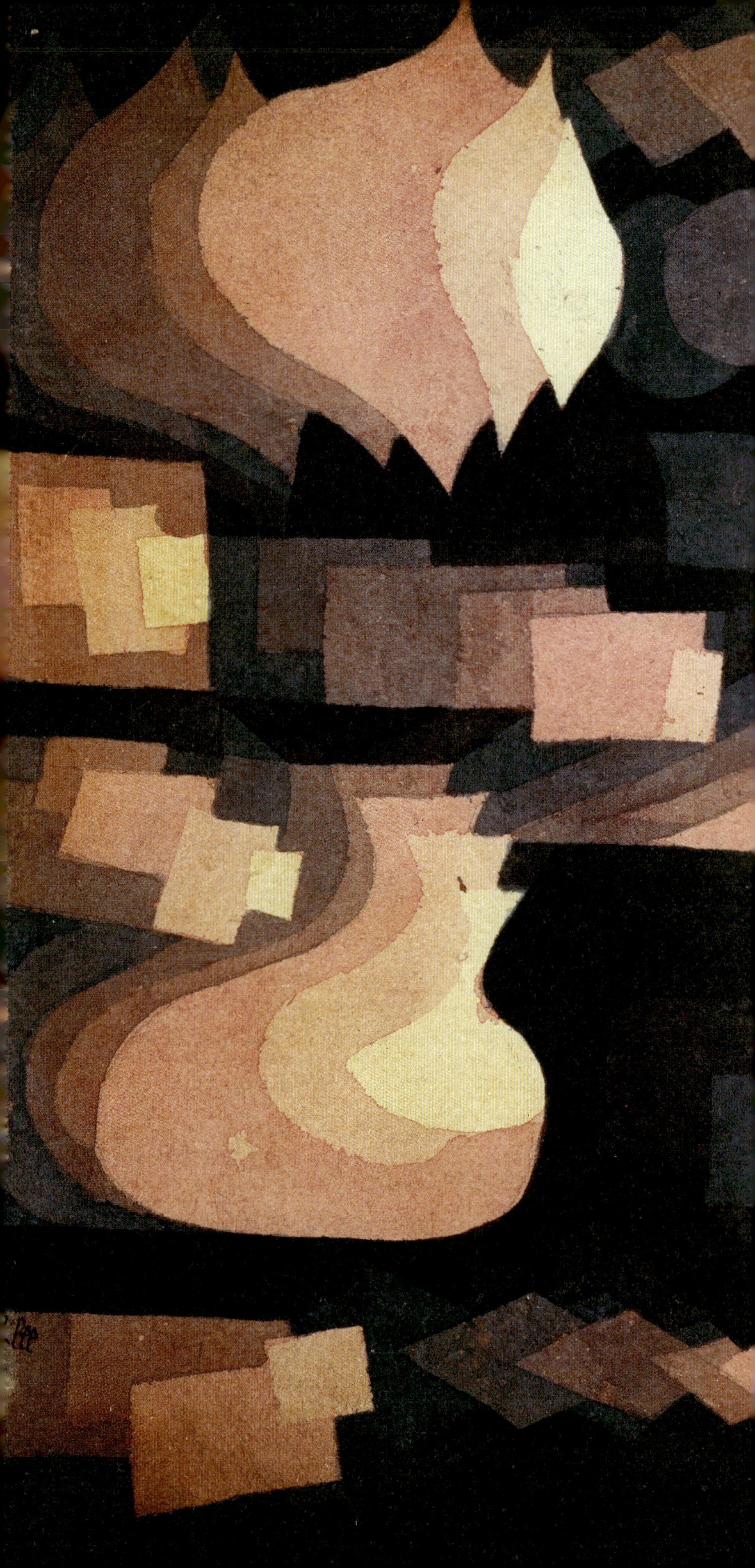

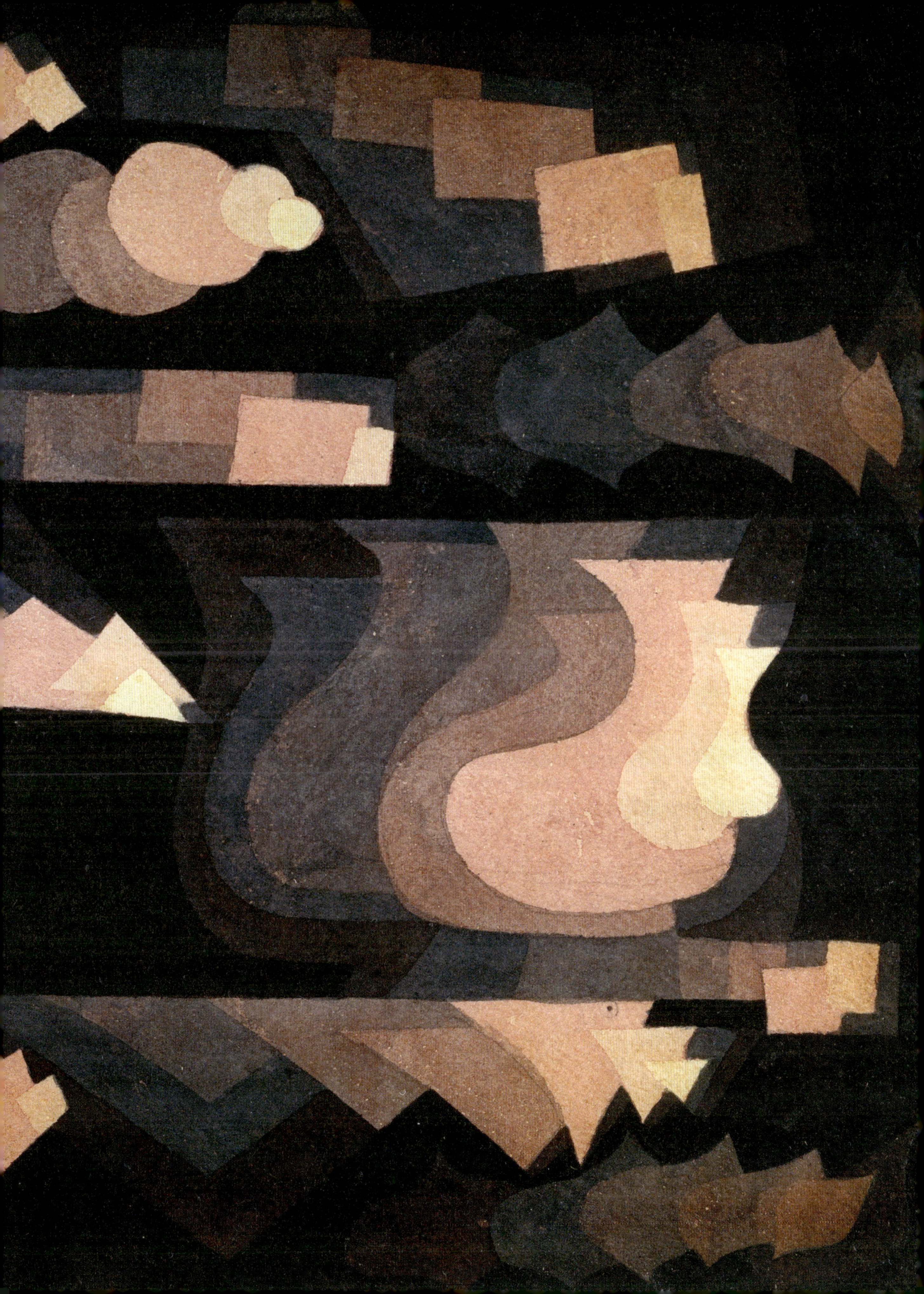

Die erste Sequenz der Fuge wird Dux (lat. „Führer“) genannt. Dann kommt der Comes (lat. „Gefährte“), der begleitet, dann wieder der Dux, und so wechselt sich das ab (Hörbeispiel 4). Wir haben jetzt den Dux, den Comes und den zweiten Dux – drei scheinbar gleiche Gebilde – hintereinander gehört. In der Fuge erklingen sie wie im Kanon, aber nicht als eigene Melodie, sondern aus dem Melos – strukturell jetzt wieder ein Gesamtzusammenhang – wird eine Harmonie erzeugt nach dem Prinzip des Kontrapunktes, demzufolge mehrere Stimmen gleichberechtigt nebeneinanderher geführt werden.

Wir hören jetzt noch ein weiteres Mal die Fuge. Beobachten Sie dabei wieder die Bildstruktur und nicht so sehr den Charakter der einzelnen Töne (Hörbeispiel 3).

Hören Sie, wie in der Musik die gleichen Motive versetzt erklingen und wie in dem Versatz der kontextuelle Bezug aufgebaut wird? Wie es mit dem Dux beginnt und dann der Comes einsetzt und dann der zweite Dux ertönt? Wir haben hier also jetzt drei scheinbar gleiche Gebilde wie im Kanon.

Doch nun zum Aquarell. Können Sie hier auch beobachten, wie Klee versucht, die strenge Form der Fuge in die Fläche umzusetzen? Wir sehen hier gleiche Formzusammenhänge, gleiche Sequenzen versetzt dargestellt. Das Versetzen der einzelnen Kompartimente in der Musik erscheint hier visualisiert. Und zwar jetzt nicht unmittelbar in einer Direktumsetzung, sondern Klee bringt in dem Betrachtenden etwas in Gang, was auch durch den musikalischen Verlauf einer Fuge sich zutragen kann bis hin zu einer Art Abschluss. Im Bild notiert ist also nicht allein die Struktur der Fuge, sondern es vermittelt sich auch ein Klangerlebnis.

12 | Paul Klee, **Fuge in Rot**, 1921

Hörbeispiel 3 und 4, siehe Seite 85.

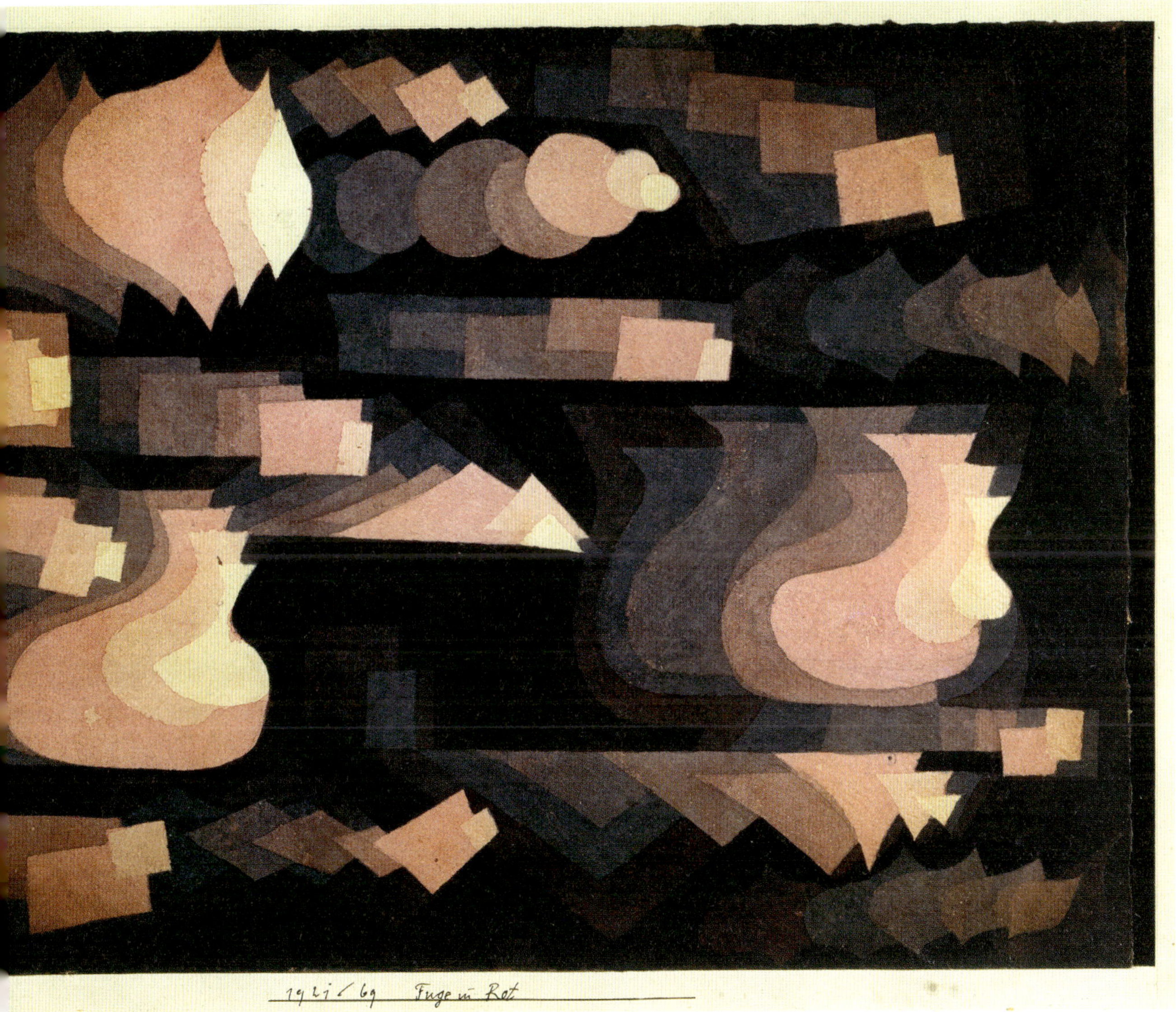
1921/69 Fuge in Rot

Wir konnten bemerken, wie sich Klees Arbeit von den frühen 1920er Jahren bis zum Ende dieses Jahrzehnts gestaltet: Zum einen erforscht er die Harmonien, zum anderen das melodische Prinzip.

Aber wir müssen noch auf ein weiteres Moment achten, das hinzukommt, nämlich auf das, was neben der Harmonie und der Melodie in der Musik entscheidend ist: den Rhythmus.

Mit dem Rhythmus hat sich Klee in vielfältiger Weise befasst. Das Bild hier hat den Titel *Kamel in rhythmischer Baumlandschaft*. Jetzt werden Sie natürlich sofort gucken, wo das Kamel ist. Das ist ja auch Ihr gutes Recht, aber nutzen Sie dabei die Gelegenheit, mit dem Auge durch das Bild zu wandern und sich zu fragen, was sich denn zuträgt auf der Suche. Sie sehen da diese waagerechten Linien, diese Horizonte, irgendwo dann auch das Kamel, wenn Sie wollen (oder auch nicht wollen).

Woraus bildet sich das Kamel? Haben Sie mal ein Kamel laufen sehen? Kamele haben einen wunderbaren Gang, bei dem sie das linke und rechte Beinpaar abwechselnd bewegen.

Wir sehen hier plötzlich etwas, eine formale Einheit, die hier nur noch zitiert wird, und ich möchte sagen, ironisch zitiert wird. Wie da im bildlichen Kontext etwas dem abtastenden Auge geboten wird – wenn Sie das in Bewegung umsetzen, bemerken Sie vielleicht die Schrittfolge: Betont, unbetont, betont, unbetont, betont, betont, unbetont, betont. Sie können von allen Seiten einsteigen, von überall her, überall ergibt sich: Groß, klein, in dichtem Abstand, großer Sprung, kleiner Sprung, dicht, nah, enger, weiter, Ausdehnung, Zusammenziehung, Kontraktion, Expansion – das alles immer wieder so, dass zwischen den Elementen etwas da ist. Dieser Zwischenraum notiert sich plötzlich positiv, man guckt nicht nur auf die Flecken, sondern es wird genauso wichtig, in welchem Kontext, in welcher Distanz, in welcher Nähe sich das nun zuträgt.

Wenn Sie das bemerken, wird der Betrachter vom Sprung von Element zu Element in die Bewegung gebracht und das, was er nun zwischen den Elementen tut, das ist der Rhythmus. Rhythmus besteht nämlich nicht aus einzelnen Schlägen (klopft). Wenn Sie nämlich nur einen hören, ist mit Rhythmus nicht viel los. Hören Sie nochmal, ich hätte fast gesagt, „schauen Sie" – was geschieht bei mehrmaligem Klopfen? Was macht man denn da? Das wäre auch wieder nur der halbe Spaß, wenn Sie beim zweiten Klopfen das erste vergessen hätten. Also müssen wir das zusammenziehen. Wenn ich beim dritten Klopfen bin, können Sie nämlich vergleichen und bemerken, dass der zweite Abstand kürzer war als der erste. Das heißt, die Substanz der rhythmischen Erfahrung ist zwischen den Ereignissen. Das Interkolumnium des Rhythmus, das, was zwischen den Elementen ist, das ist die Wirklichkeit der musikalischen Erfahrung auch im Rhythmus. Nun ist außerordentlich wichtig, dass nicht nur die depperte Erinnerung an irgendwelche akustischen Ereignisse aufkommt, sondern dazwischen nun alles Mögliche stattfindet!

13 | Paul Klee, **Kamel in rhythmischer Baumlandschaft**, 1920

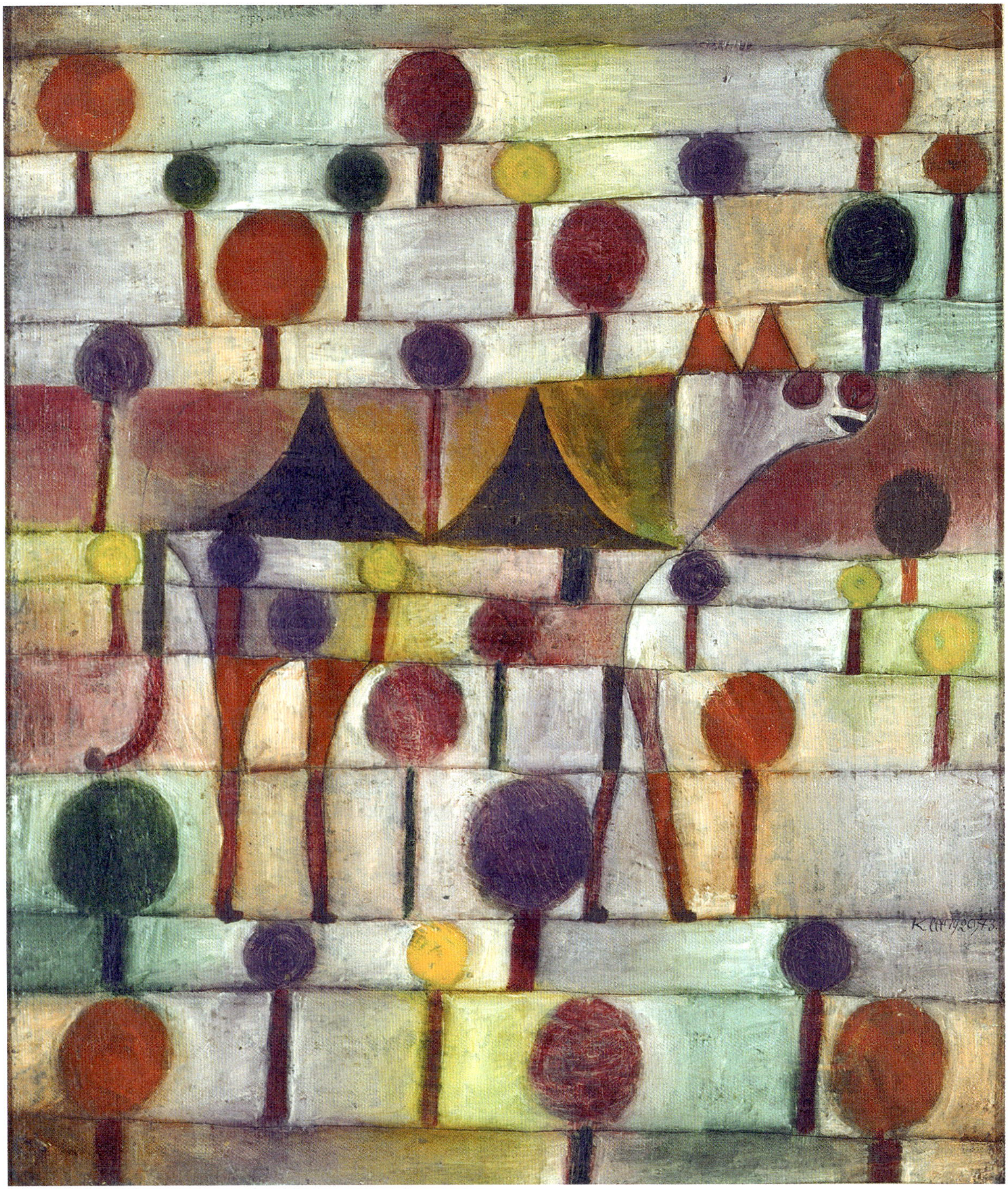

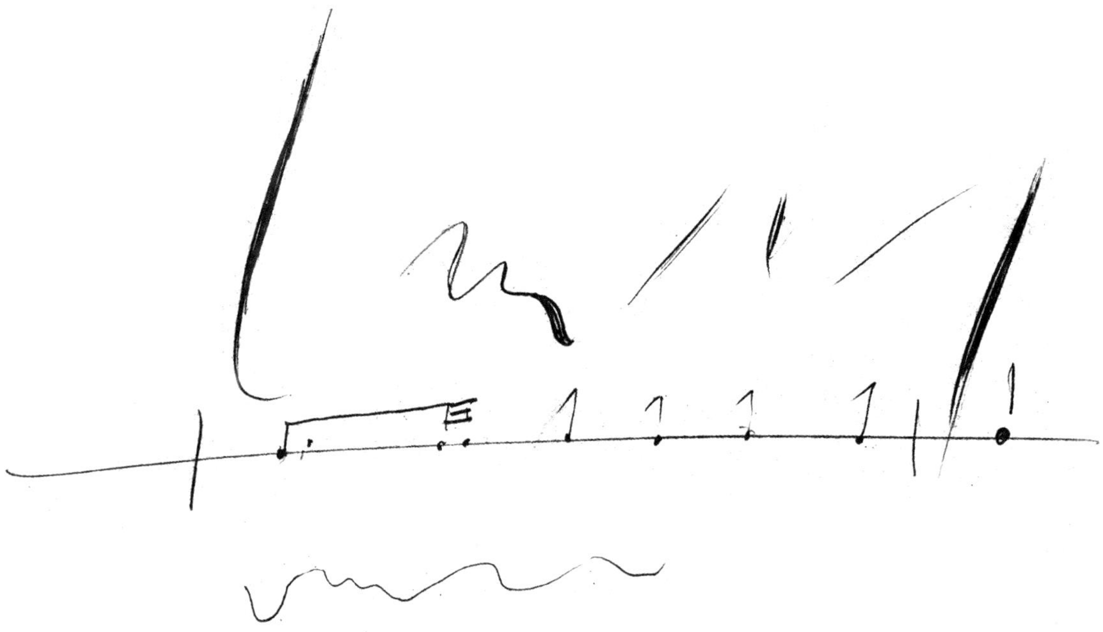

„Immer mehr drängen sich mir Parallelen zwischen Musik und Bildender Kunst auf.“ [25]

14 | Paul Klee, **Fakturale Rhythmen auf Grund von Notenbeispielen**, um 1927

Hörbeispiel 5, Geklopfter Rhythmus I, siehe Seite 85.

Klee hat das außerordentlich genau studiert. Sie sehen hier unter der Zeichnung Noten hingeschrieben. Wie würden Sie das klopfen? Ich probiere es mal (Hörbeispiel 5).

Doch das ist jetzt eben nicht nur das geklopfte Zeichen: Vielleicht können Sie durch*hören*, was Sie hier *sehen* – mit Augen hören oder mit Ohren sehen?

Nehmen Sie jetzt zu dem Höreindruck das, was da oben gezeichnet ist, mit dazu (klopft). Hat das etwas miteinander zu tun?

Es ist doch ungeheuerlich, wie man das versteht, einfach direkt aus dem Hören sieht und aus dem Sehen hört. Es vollzieht sich zwischen den Dingen die eigentliche Bewegung, die Verbindung der Elemente. Da hat nun die Malerei ihre ganz große grafische Chance.

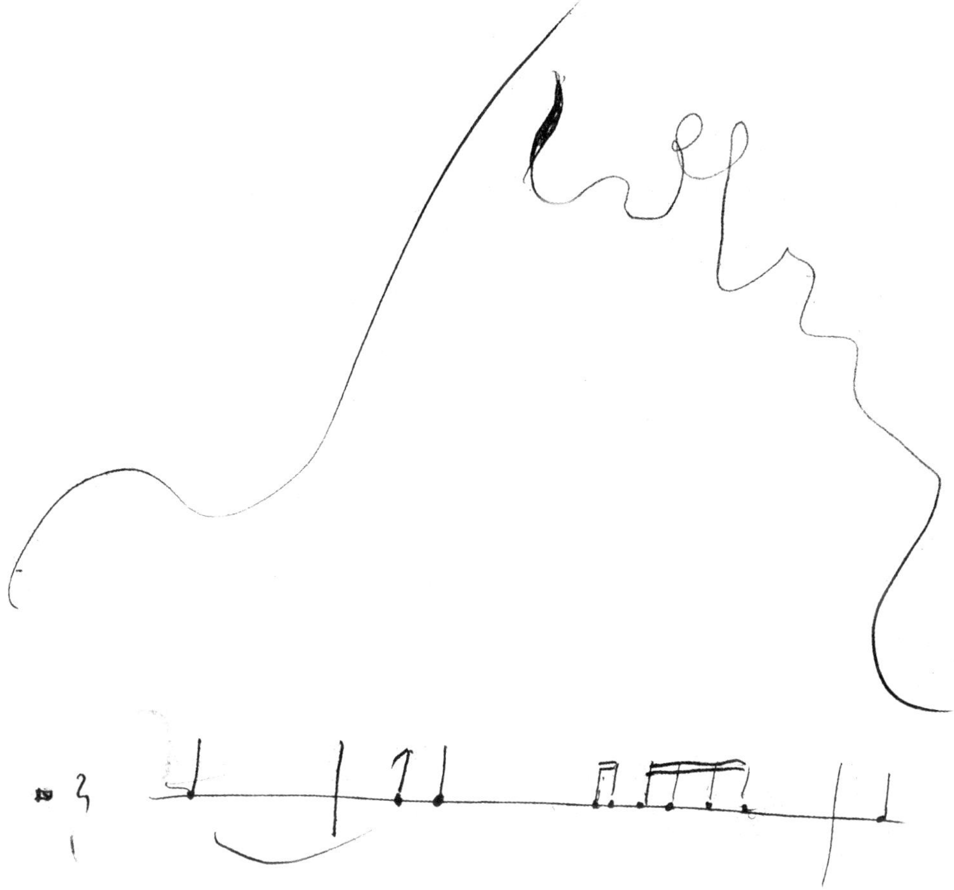

Klee hat unendlich viel in dieser Richtung gearbeitet, sehen Sie hier: ein Bewegungsprotokoll des rhythmischen Ereignisses, nur so assoziiert. Hören Sie sich das bitte einmal an. (Hörbeispiel 6)

Die Linie darüber zeigt, was in uns passiert, wenn die notierte Musik erklingt: die Bewegung als Produkt aus Außenwirkung und innerer Tätigkeit: Das macht Klee mit seiner Kunst *sichtbar*. Das ist das Zwischenreich, dort fängt die Wirklichkeit überhaupt erst an! Und das auch im normalen Leben, bloß merkt man es da nicht so sehr.

Wir kommen nun in einen ganz wichtigen Bereich hinein, wenn wir das Studium der Bewegungsfolgen selbst ins Bewusstsein heben und an eine Art Gestaltkeim zwischen Bild und Musik rühren, der sich einmal äußert ins Bildliche und einmal äußert ins Klangliche, und wenn es richtig läuft, reversibel ist, sodass das eine im anderen erscheint. Und wenn Sie mal irgendetwas gehört haben von Eurythmie[27]; das ist nichts anderes als die Bemühung, ein Bewegungselement zwischen der Körperbewegung und dem musikalischen oder sprachlichen Prozess zu stiften: eine Nach-außen-Wendung eines inneren Prozesses oder eine Nach-innen-Wendung eines äußeren Prozesses, sodass der Gestaltkeim identisch wird, sodass man Bewegung hört und zugleich sieht.

Hörbeispiel 6, Geklopfter Rhythmus II, siehe Seite 85.

Klee hat nun in ganz vielen Schritten versucht, zum Beispiel einen 4/4-Takt zu notieren. Sie können sich sicher kaum enthalten, entsprechend der Zeichnung mit Ihrer Hand nachzuvollziehen, was in diesem 4/4 Takt vor sich geht. Sie wissen ja, die Eins muss nämlich wie der Finger auf der heißen Ofenplatte sein. Denn wenn man so dirigiert, ist man immer zu spät, muss immer wegziehen. So kommt eine Beschleunigung, ein akzelerierter Rhythmus zustande.

Schauen Sie, was für eine Bewegungsspur da entsteht. Das hat eine solche Genialität! Und wenn dann diese Zahlen hier mit drinstehen, bemerkt man, dass Mathematik im Grunde genommen das rationalisierte Bewegungsverhältnis ist: Proportionalität aus Weltbewegung. Und dies, meine ich, spricht etwas an, was im Anschauen selber ständig präsent ist, wirksam ist, nämlich eine interessante Fähigkeit, zu der der Mensch veranlagt ist. Wir kennen immer nur die Nachahmung, aber was viel wichtiger ist und was das Leben immer zeigt, das ist die „Ahmung" selbst – dass man also nicht nur etwas nachahmt, sondern dass man in der Lage ist, gebärdenhaft eins zu werden mit dem, was man sieht. Damit meine ich, dass es Ihnen überhaupt nicht schwerfällt, den Bewegungsduktus einer solchen Sache einfach aus dem Augenblick heraus schöpferisch mit zu vollziehen und so zu verstehen. Also die „ahmende" Tätigkeit im Anschauen, die nun als Bewegung des Auges die Fähigkeit hat, das innere Erfahren und das äußere Erfahren in der aktuell vollzogenen anschauenden Bewegung zu verbinden und den Sinn und das Sinnhafte miteinander zu verschränken in der Realgebärde der Zusammenführung des einen im anderen. Und wenn wir uns anhörend durch ein Bild bewegen und anschauend durch eine Musik, dann schaffen wir etwas, dann ahmen wir etwas nach, und in dieser Bewegung erscheint auf dem Weg über die Synästhesie ein Weltganzes.

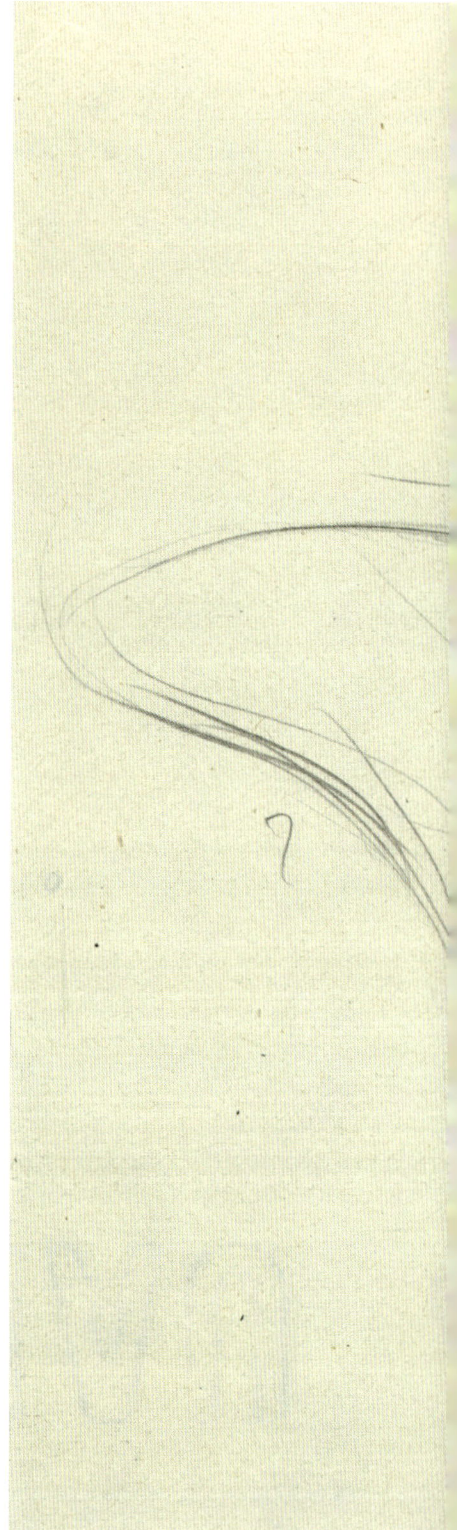

15 | Paul Klee, **Das vierteilige Taktbild in weicher Biegung** (fakturaler Rhythmus), um 1927 (Ausschnitt)

4
3
1

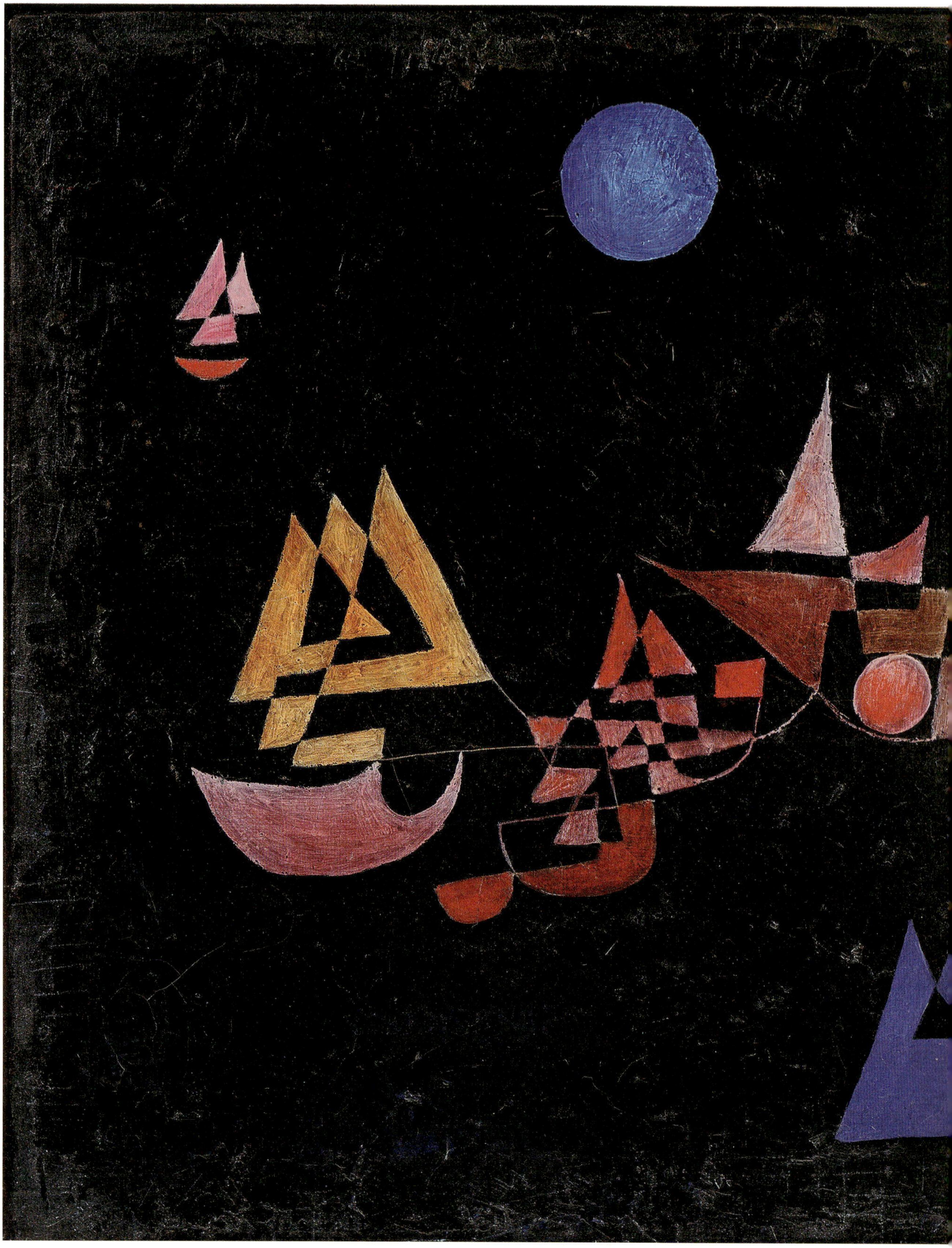

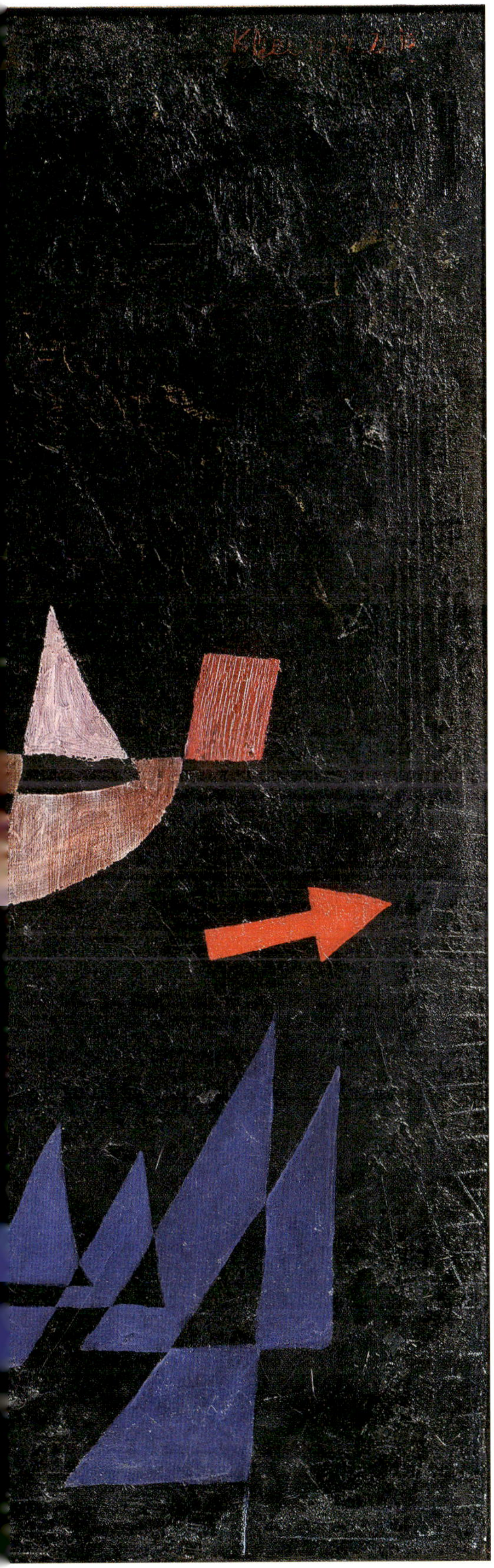

Wir werden uns hier mit einem Gebilde befassen – und ich darf das etwas straffen, im vollen Vertrauen, dass wir uns das zurufen könnten, was hier sich entwickelt – das ein merkwürdiges Benehmen zeigt, wenn wir es uns näher anschauen. Wenn Sie den roten Pfeil am rechten Rand einmal abdecken, verliert dieses Bild sehr viel an Richtung. Wenn Sie den blauen Punkt da oben abdecken, verliert es seine Zentrierung. Beachten Sie auch das Gebilde, das in der Mitte ist. Es hat ein eigenartiges Verhalten im Anschauen: Zunächst scheint es zu schweben.

16 | Paul Klee, **Abfahrt der Schiffe**, 1927

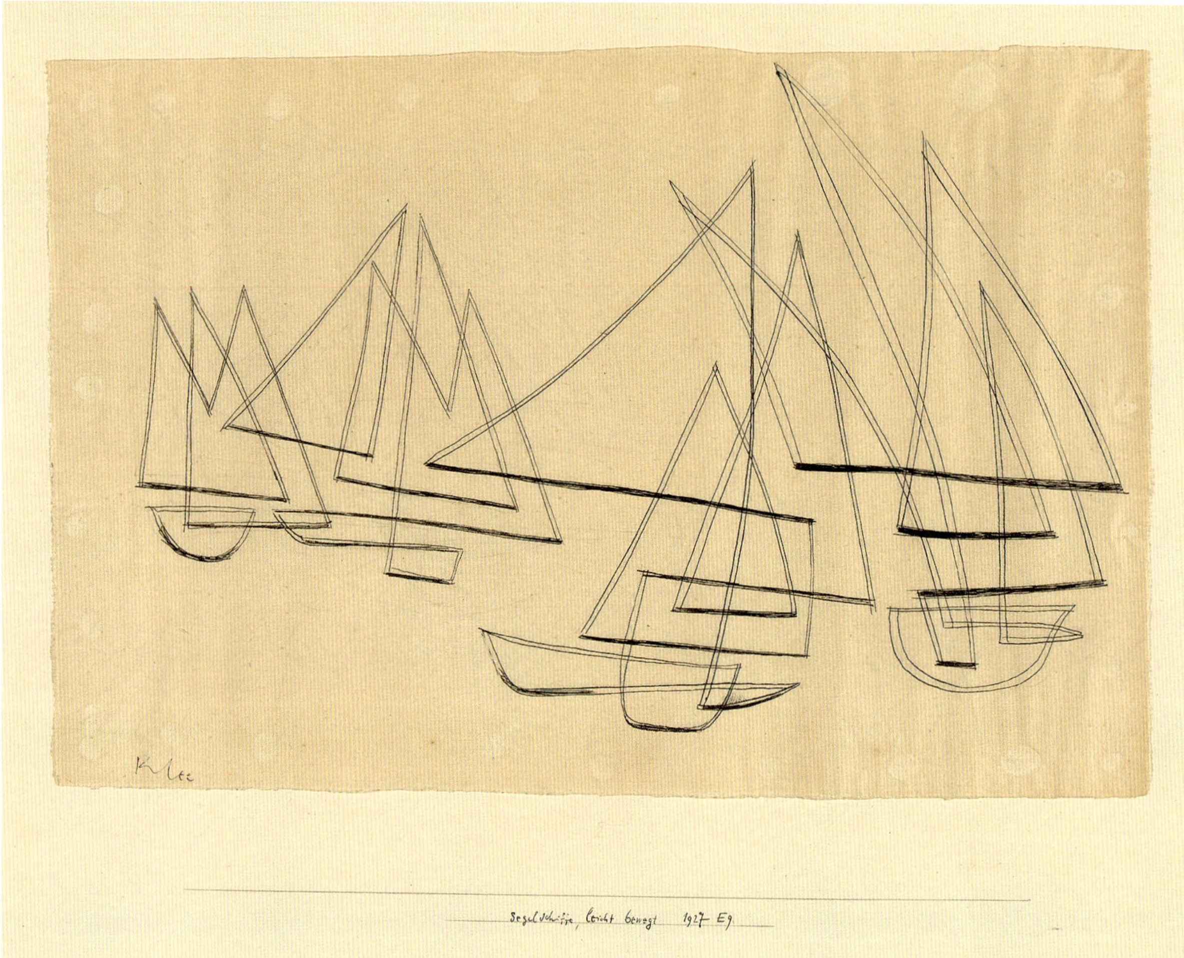

Um zu verdeutlichen, worauf ich aufmerksam machen will, schauen Sie sich bitte diese Zeichnung einmal an. Wenn man die Konturen abtastet, wenn man mit dem Auge nach oben, nach unten, zur Seite geht, dann geraten die Konturen in Bewegung und wir bemerken, wie wir selbst in eine Art Rhythmus kommen, der jedoch rückläufig ist. Das geht so ein bisschen nach vorne, es geht aber auch zurück.

Werden diese Dreiecke nach hinten gedrückt, oder führen diese Dreiecke nach unten und nach vorne? Ist das zu entscheiden?

Wenn wir uns nun dem mittleren Gebilde auf dem Bild zuwenden, so bringt es uns also auf dem Wege dieser Linien mal in dieser Richtung, mal in jener Richtung in Bewegung, und das hört auch wieder auf. Der schon erwähnte rote Pfeil bewirkt, dass der Blick immer wieder zu dem Bildrand hingelenkt wird. Die Rundungen – Schiffsrümpfe – bewirken, dass das Bild immer wieder eine Zone hat, in die der Blick zurückkehrt, sodass eigentlich die Richtung aufgehoben wird. Richtungsanstoß, Richtungsaufhebung, Bewegung nach vorne, Bewegungsanstoß nach hinten.

17 | Paul Klee, **Segelschiffe leicht bewegt**, 1927

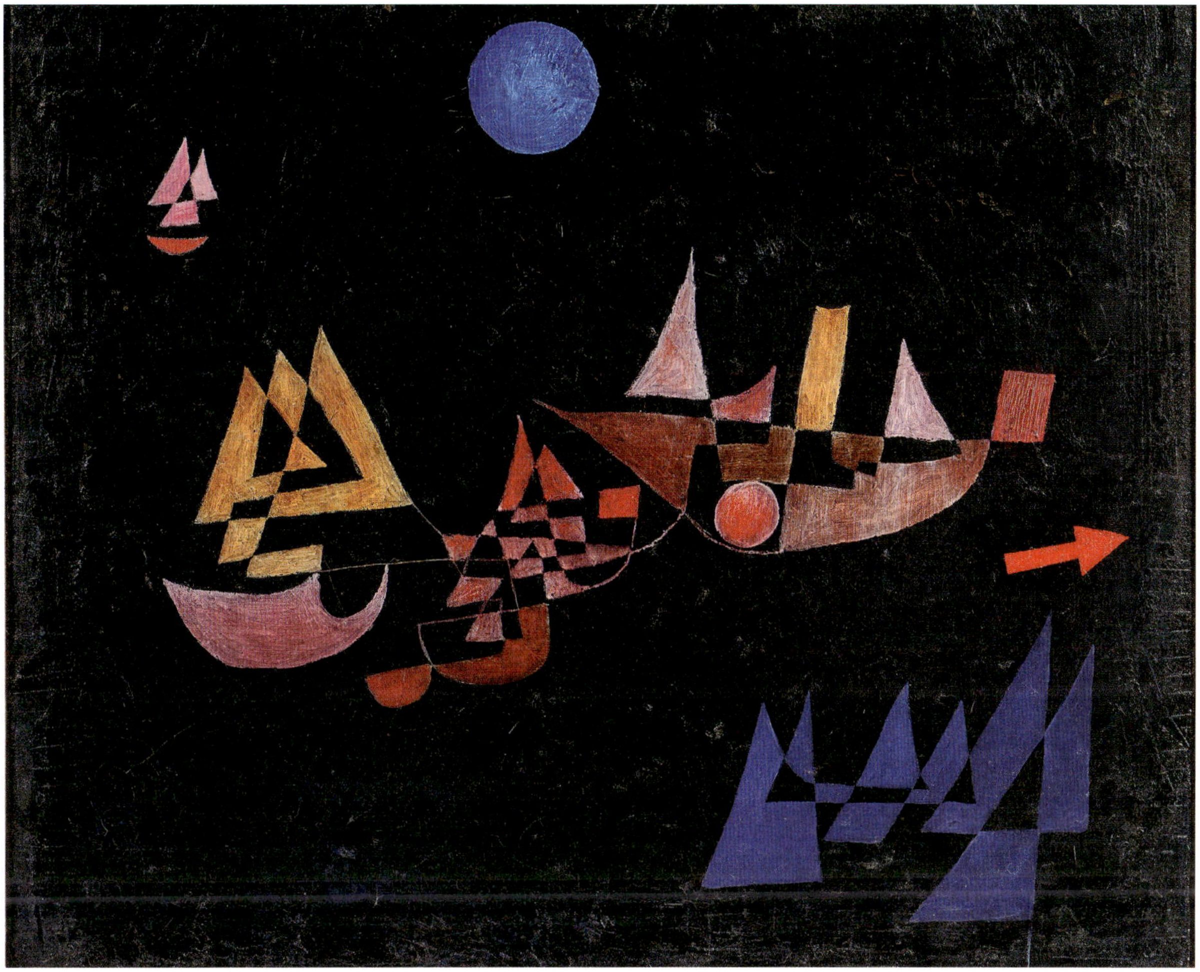

Dieses Bild hat den Titel *Abfahrt der Schiffe*. Und das hat mich plötzlich insofern interessiert, als ich hier etwas bemerkt habe – wiederum ein Zwischenthema, nämlich: Was geschieht zwischen Ruhe und Bewegung? Was ist dazwischen? Können Sie sich das vorstellen, was zwischen Ruhe und Bewegung ist? Beschleunigung? Nein, denn dann sind Sie schon in Bewegung. Da ist Atemholen, Atemwende. Was also findet zwischen Ruhe und Bewegung statt? Umkehr, Anspannung, Erwachen, Einschlafen; es werden alle Lebensprozesse damit berührt.

Dort – zwischen Ruhe und Bewegung – gibt es ein Drittes: die Wirklichkeit der Impulsierung und die Wirklichkeit des Anhaltens. Antizipation einerseits und Erinnerung andererseits, denn „ich wohne gerade so gut bei den Toten wie bei den Ungeborenen."[28] Dort ist eigentlich der Realkeim für alles, was dann nach außen gewendet Tatsache wird, dort setzt das bildnerische Element an. Dort gestaltet sich Zwischenreich. Und das wird hier in einem solch harmlosen Gebilde zum unmittelbaren visuellen Erlebnis.

Wieder ein anderes Zwischenreich. Dieses Gebilde heißt *Physiognomische Kristallisation*. Ein tolles Zwischengebilde. Was ist gezeigt? Es ist gezeigt, was sich bildet zwischen einer anonymen Bildstruktur und einer individuellen Gestalt, einer individuellen Physiognomie, also zwischen anonymer Struktur und individueller Struktur. Dazwischen gestaltet sich etwas, was dann in beide Richtungen sozusagen weiterverfolgt werden kann, was aus beiden Richtungen jedoch auch wieder zurückgeht: Dieses Gesicht taucht ständig auf und verschwindet immer wieder in seinem Kontext. Es individualisiert sich oder es entindividualisiert sich, anonymisiert sich – ein permanentes Entstehen und Vergehen in einem statischen Gebilde. Auch hier ist wieder etwas getroffen worden zwischen den Welten: die Wirklichkeit des Zwischenreichs.

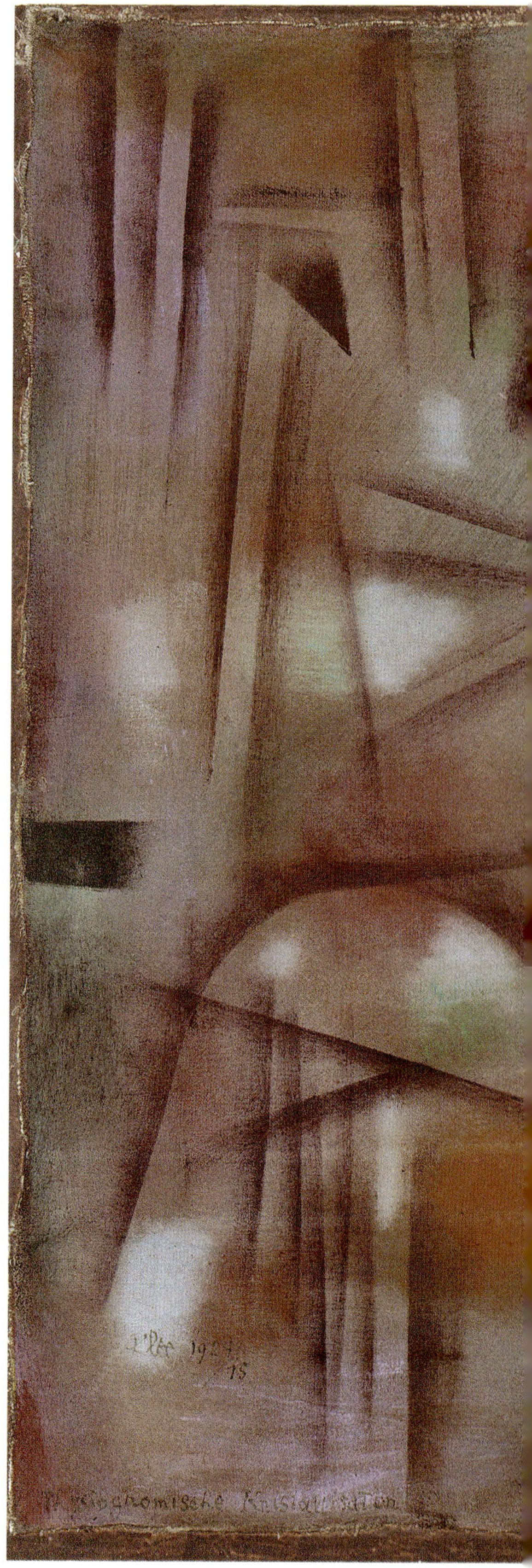

18 | Paul Klee, **Physiognomische Kristallisation**, 1924

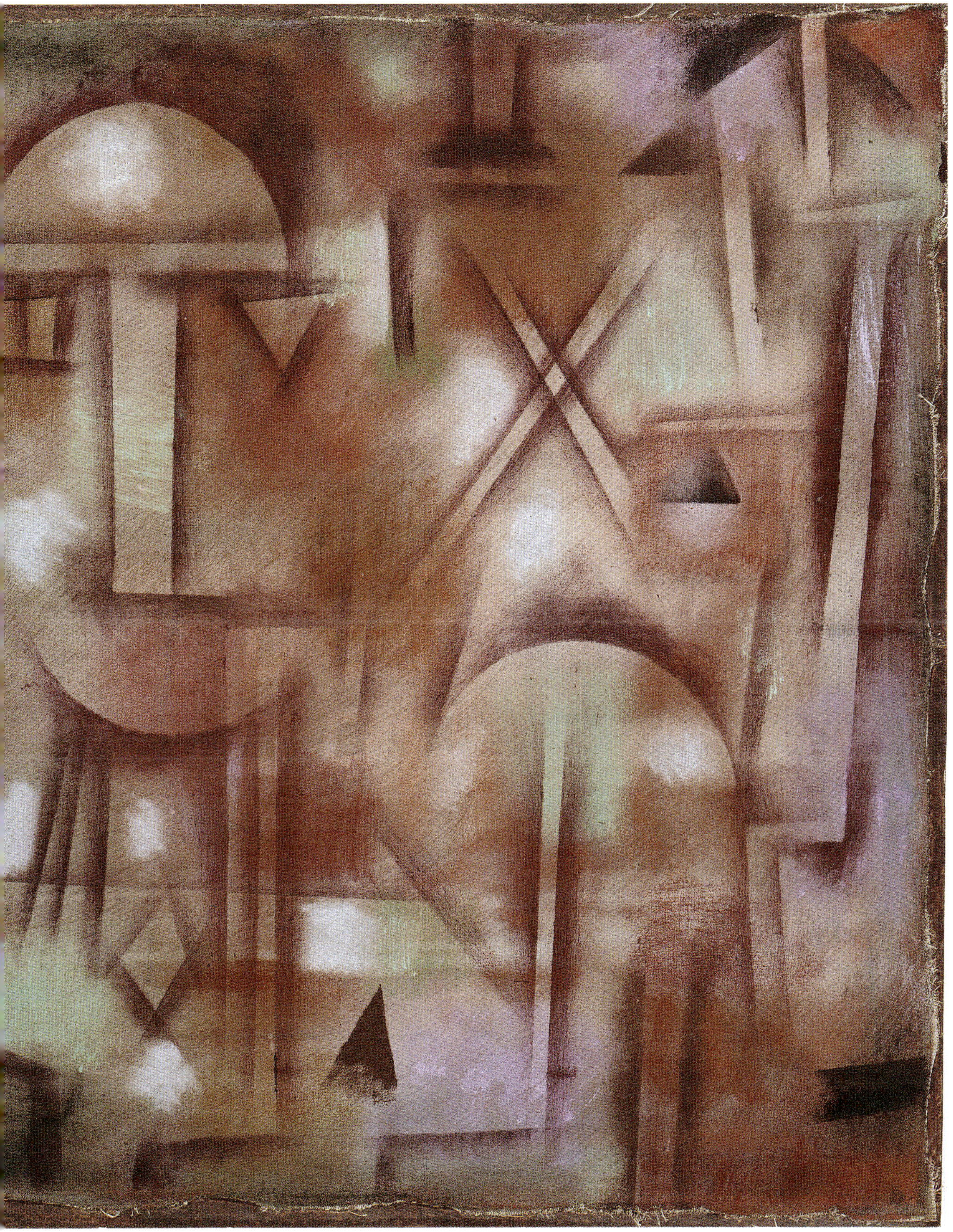

„WAS PASSIERT, WENN SIE DAS EINE DENKEN UND PLÖTZLICH UNWEIGERLICH AUF DAS ANDERE KOMMEN?“

Jetzt ein kleines Intermezzo. Lassen Sie sich zu folgendem Gedanken hinreißen und halten Sie ihn ausschließlich im Bewusstsein, ohne ein anderes Wort zu assoziieren. Also bereiten Sie sich vor, ich nenne ein Wort, Sie setzen das zu einem Begriff um, weil Sie das wahrscheinlich verstehen – und halten Sie das fest, ohne auf irgendetwas anderes zu kommen: „oben“.

So, jetzt möchte ich sehen, wer sich an meine Bitte halten konnte. Ist es Ihnen gelungen, das Wort „oben“ zu begreifen? Und dann bei dem Begriff stehen zu bleiben?

Ich habe den Eindruck, viele von Ihnen sind inzwischen unten angekommen. Und es geht auch gar nicht anders. Paul Klee leitet damit seine Betrachtungen in *Das bildnerische Denken* ein und sagt sinngemäß: Worauf es mir ankommt, ist nicht die Dualität von oben und unten, von schön oder hässlich und so weiter. Sie können andere Begriffspaare verwenden, das ist ja alles auch logisch untersucht: Wenn der eine Begriff fällt, tritt der andere mit auf, weil er nämlich dazugehört. Man kann das eine ohne das andere nicht denken, das konstituiert sich gegenseitig und in dieser Wechselkonstitution kommt es nun bei Klee darauf an, dass man beides in eines begreift als ein Wirkungsgefälle.[29]

Was passiert, wenn Sie das eine denken und plötzlich unweigerlich auf das andere kommen? Für mich ist wichtig, dass Sie es ausprobieren – jederzeit, mit sich selbst oder mit anderen. Ich nenne noch ein Beispiel aus dem Farbbereich: „Schwarz".

Jetzt ist es ganz uninteressant, dass der eine stolz darauf ist, dass er jetzt auf „Weiß" kommt, das kriegen nämlich viele hin. Was jedoch meist nicht glückt, ist, das wahrzunehmen, was dazwischen passiert, bis man wieder bei dem Wort „Weiß" aufwacht. Das, was dazwischen ist, hat Bewegungscharakter, auch wenn Sie ganz stillhalten. Und das ist gemeint mit Initiative, mit Aktion.

Die sozusagen implizite Gedankenbewegung, wie sie uns ja vorhin auch bei „1 – 2 – 3 – 4" in diesem Rhythmus hochkam, stiftet eine Verbindung – sie ist eine Selbstbewegungsleistung in einem Zusammenhang, den Klee selbst als „Zwischenreich"[30] bezeichnete. In diesem Übergangsraum findet Klee unendliche Gestaltungsmöglichkeiten, die er nun als Zwischenelemente studiert.
Wenn er ein Kunstwerk daraus erschafft, dann setzt er sich mit einem Freund hin und sie erfinden für dieses Gebilde Namen. Dieses Namenfinden hat Bedeutung, denn einen Namen zu sagen, zielt ja unmittelbar auf das Wesen. Sie können sogar Ihren Mitmenschen mit Namen kennen und können diesen aussprechen. Dann wird derjenige sagen: „Ja?" Da fühlt er sich getroffen. Sie aber sagen: „Brille", dann fühlt sich keiner angesprochen. Wenn Sie aber jemanden mit: „He, Sie da mit dem roten Ding" ansprechen, ist das der Versuch einer Annäherung. Wir versuchen dann die Sache näher zu bezeichnen und damit zu individualisieren. Wir können also eine Umschreibung machen, aber der Name – oder der Begriff – trifft das Wesen direkt. Ob wir wissen, was das Wesen ist oder nicht, der Name schlägt durch. So werden für Gebilde Namen gesucht, es entsteht wieder eine Interaktion zwischen Figur und Wort.

Das können wir hier nun noch einmal zur Anwendung bringen. Der kurze Blick erschließt uns nicht gleich, was hier alles sichtbar ist: Einzelne Striche und Gestalten deuten sich an und bleiben fragmentarisch. Aber lassen Sie sich mal vom Titel helfen, *Zwitschermaschine*, das Ganze als Maschine, das heißt, als Prozess zu betrachten. Wenn Sie beginnen, gedanklich an der Kurbel rechts im Bild zu drehen – merken Sie, was passiert? Kommt die ganze Konstruktion in Schwingung? Geraten die Strichzeichnungen in Bewegung? Beginnen sie zu zwitschern?

Hier befinden wir uns wieder im Zwischenreich, das durch unsere eigene Tätigkeit konstituiert wird. Zwischen Titel und Bild steht unsere anschauende Aktivität, die das Werk erst zum Sprechen bringt.[31]

19 | Paul Klee, **Die Zwitscher-Maschine**, 1922

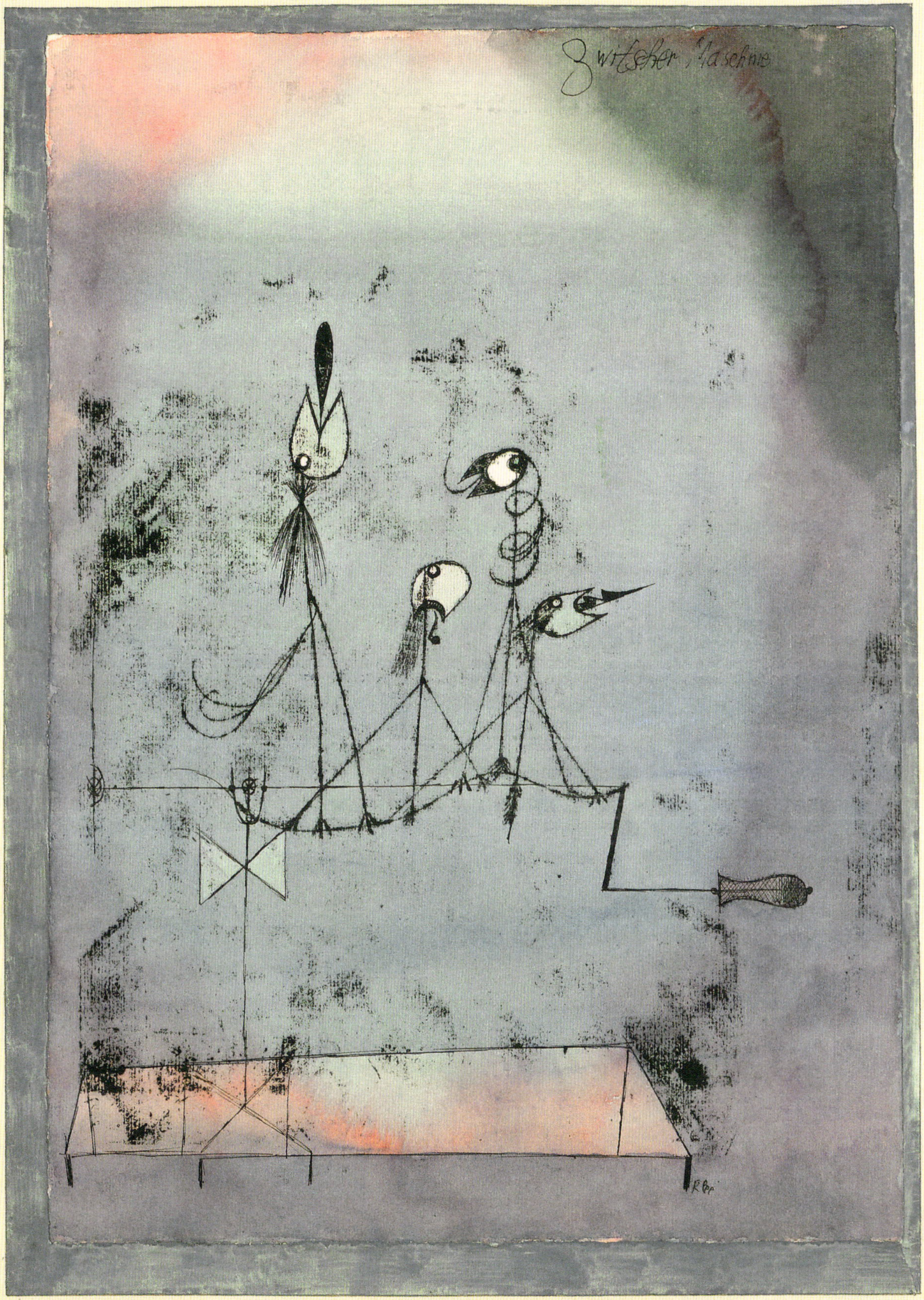

4

1922 / 151. Die Zwitscher-Maschine

Das trifft auch auf dieses Bild zu. Der Titel lautet: *Gezeichneter*. Wer würde in Abrede stellen, dass das gezeichnet ist?

Dieses Bild *Gezeichneter* zu nennen, ist sozusagen eine Indikation, eine Wendung auf sich selbst. Das heißt, die Wortsphäre des Titels schlägt in die Sache; und es kommt zu etwas ganz Interessantem, nämlich zu einem poetischen Prozess: Es wird etwas Neues geschaffen durch das Hinzufügen des Bildtitels, mit der Namensfindung eröffnet sich eine neue Ebene der Bildbetrachtung.

Und da tritt noch etwas ein in Klees Schaffen, was leider viel zu selten vorkommt. Denn meistens wird das Schaffen erst dann ernst genommen, wenn der Humor draußen bleibt. Hier haben wir nun diesen wunderbaren Humor – so ähnlich wie in den Kurzgedichten von Christian Morgenstern, die nicht auf Kosten von etwas anderem heiter sind, sondern aus sich selbst, weil sie neue Verbindungen schaffen, weil sie etwas zusammenbringen aus dem Bereich der Sprache und in diesem Zwischenreich hin und her gehen. So kommt es zu dieser Grundfähigkeit des Menschen, die kein Tier hat, dem Humor. Dass nämlich neue Verbindungen geschlagen werden, die den Ausweg aus der Situation schaffen, neue Dimensionen eröffnen und das Lachen als eine Fähigkeit kultivieren, sich zu verbinden, mit der Möglichkeit, wieder auszusteigen. Das wird zur Realgebärde in einer solchen wunderbaren Fügung zwischen Bild und Sprache. Und nun geht es in diesem Sinne – im Sinne des poetischen Prozesses – weiter, wie Sie im nächsten Bild sehen werden.

20 | Paul Klee, **Gezeichneter**, 1935

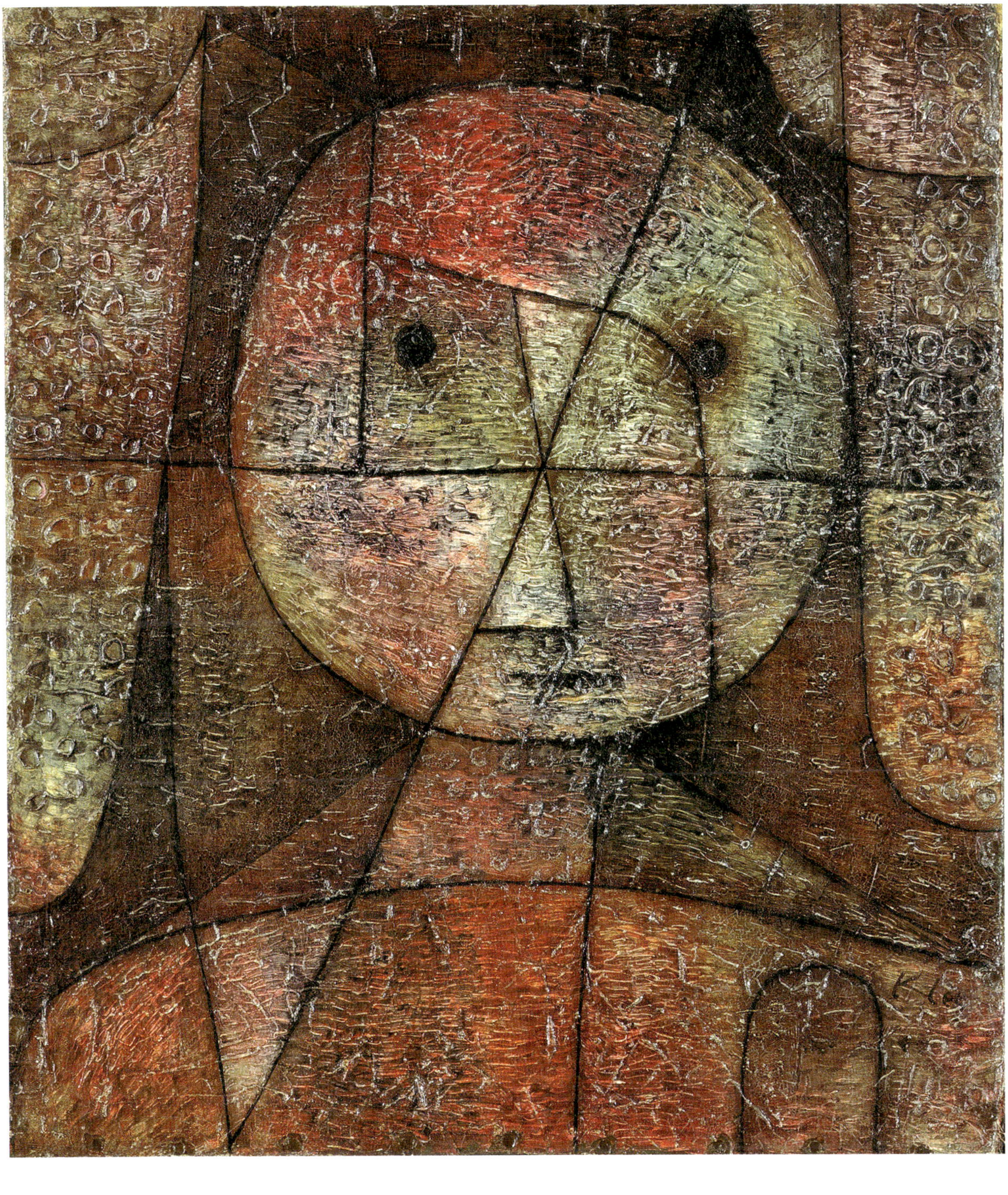

Das *ABC für Wandmaler*. Sie sehen, wie Klee hier mit Buchstaben die Fläche gestaltet. Es kommt hier nicht so sehr darauf an, die Buchstaben zu lesen, sondern in diesem Buchstabenzusammenhang die Umfärbung des Umfeldes der Buchstaben wahrzunehmen – den Zusammenklang, der plötzlich ein visueller Prozess ist.

Wenn Sie einen Buchstaben nennen, – etwa L, N, R, P oder auch A –, was Sie auch nehmen, dann hat jeder Laut durch seine je eigene Färbung sofort eine Auswirkung auf den Rest dessen, was Sie sprachlich um sich haben. Jeder Buchstabe ist so auf Kontext angelegt, besteht nur aus Kontext – entfaltet seinen eigenen Klang, seine Klangfarbe gewissermaßen nur im Kontext –, dass er nun, wenn er hier visuell begegnet, immer so wie in einer kleinen Farbaura, als ein lächelndes Anspielen auf die Funktion eines Buchstaben-Wesens wirkt: Jedes steht für sich, bringt das Umfeld zum Klingen und wird von diesem zum Klingen gebracht.

21 | Paul Klee, **ABC für Wandmaler**, 1938

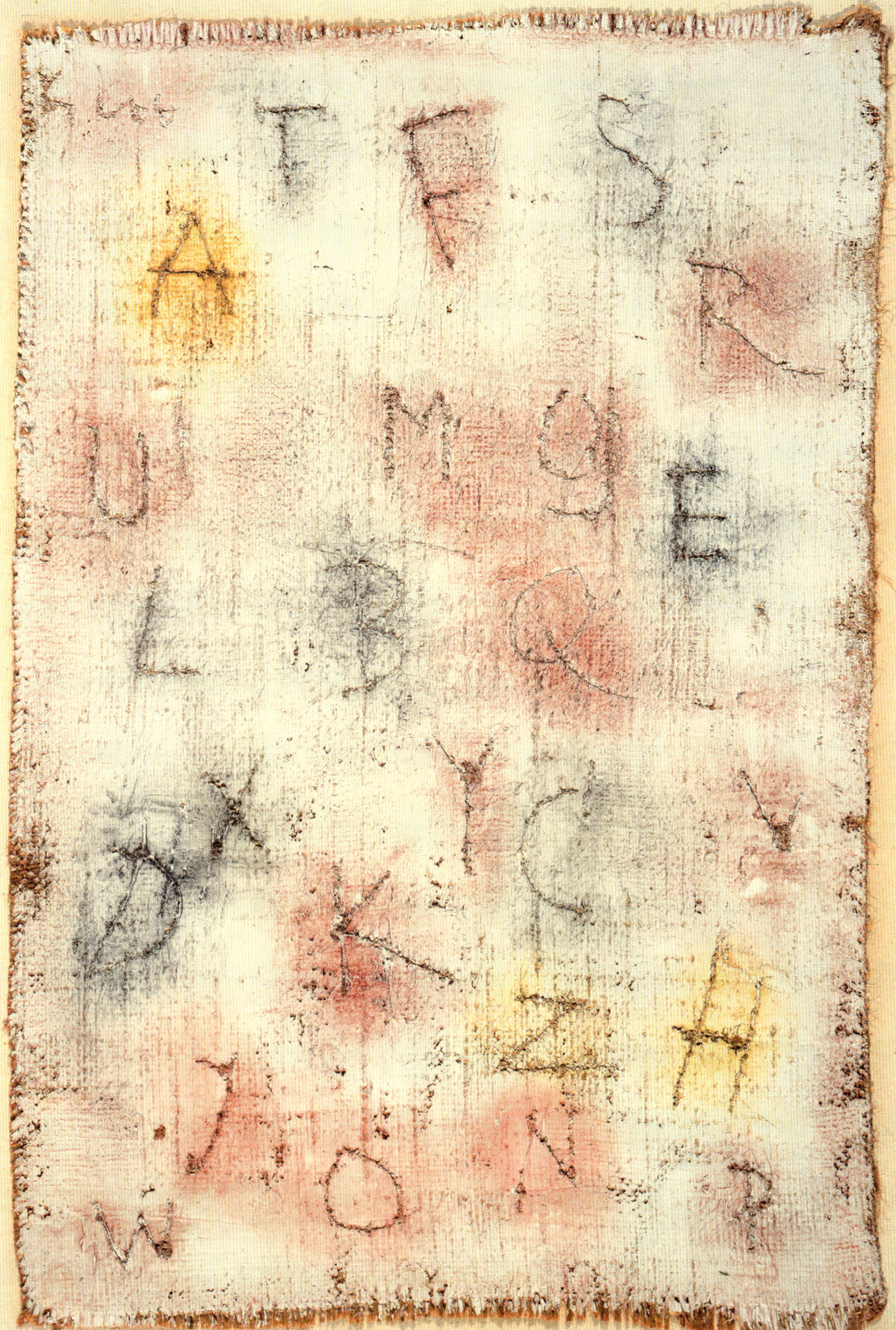

1938 T 20 ABC für Wandmaler

Und so möchte ich das nächste Gebilde hier zeigen, eines der interessantesten und wiederum hochkomplexen Elemente. Ich lese Ihnen vor, was Klee handschriftlich über das Bild geschrieben hat, was aber zugleich auch in dem ganzen Bild zu sehen ist: „Einst dem Grau der Nacht enttaucht, dann schwer und teuer und stark vom Feuer, abends voll von Gott und gebeugt, nun ätherlings vom Blau umschauert, entschwebt über Firnen zu klugen Gestirnen."

Dies ist ein visuelles Gedicht und Sie merken schon: Eine Sprache, die selbst musikalisch ist, eine Musik, die selbst bildlich wird, ein Bild, das selbst sprachlich wird und so fort. Es gibt nicht nur eine visuell-auditive Synästhesie, sondern Klee geht in so komplexe Dimensionen hinein, dass nun verschiedene Reiche aneinandergrenzen. Nicht immer nur zwei, das wäre ja langweilig. Das Entscheidende ist, dass in einem solchen Gebilde der Buchstabe zum Farbsystem, das Farbsystem zum Buchstaben wird, in einer Art Mitte. Das ist ein ganz eigenes Thema von Paul Klee, welches ich hier nur an einem kleinen Beispiel zeigen kann. Was entsteht, ist eine Vielschichtigkeit, ist eine Vielbezüglichkeit zwischen Wort und Bild.

Wenn Sie das in aller Tiefe ausschöpfen, dann tritt etwas ein, nämlich die Erfahrung von Leben. Denn das Leben fängt dort an, wo es vielschichtig wird. Einschichtiges Leben, das gibt es gar nicht.

22 | Paul Klee, **Einst dem Grau der Nacht enttaucht**, 1918

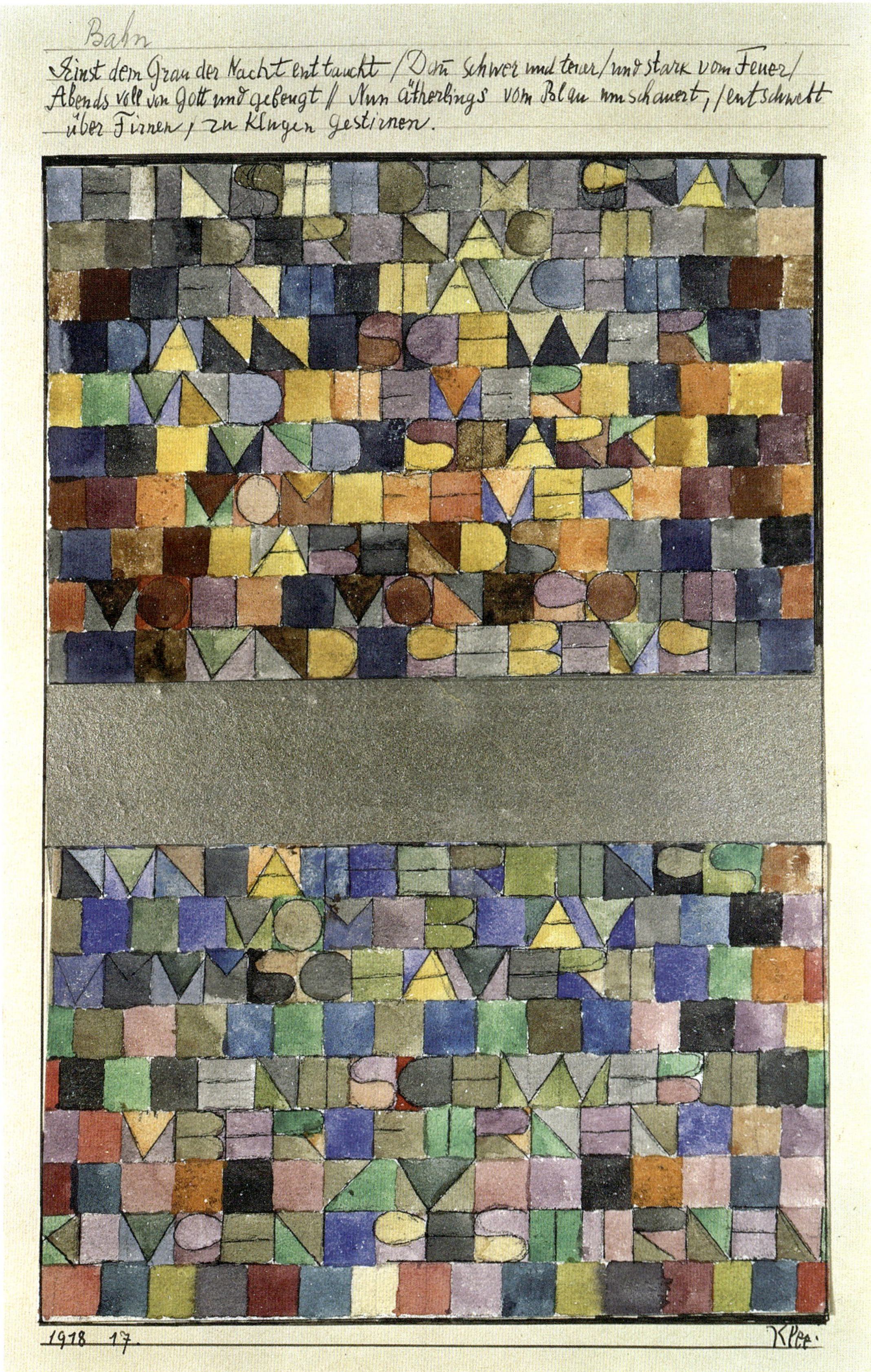
Einst dem Grau der Nacht enttaucht / Dann schwer und teuer / und stark vom Feuer /
Abends voll von Gott und gebeugt // Nun ätherlings vom Blau umschauert, / entschwebt
über Firnen, / zu klugen Gestirnen.
1918 17.
Klee.

Zum Ende hin möchte ich auf die wichtigste Schicht kommen, nämlich auf die Schicht, in der die bildnerischen Elemente in Klees Schaffen selbst miteinander ins Gespräch kommen. In diesem Bild etwa sehen wir, wie die kompakte Farbsubstanz mit der dünnen Grafik und dem Lineament ins Gespräch kommt. So entsteht ein Spielraum zwischen diesen beiden Kategorien.

Ich muss mich entschuldigen, denn Geschwindigkeit ist hier Mord, und es werden gleich noch weitere kleine Morde stattfinden.

Klee spricht von einer „kühlen Romantik"[32], die er wirksam macht, wenn er sich mit den bildnerischen Elementen befasst, wie hier mit den aquarellierten, auf dem Bild zerfließenden Farbtupfen und dem Linearen, Gezeichneten.

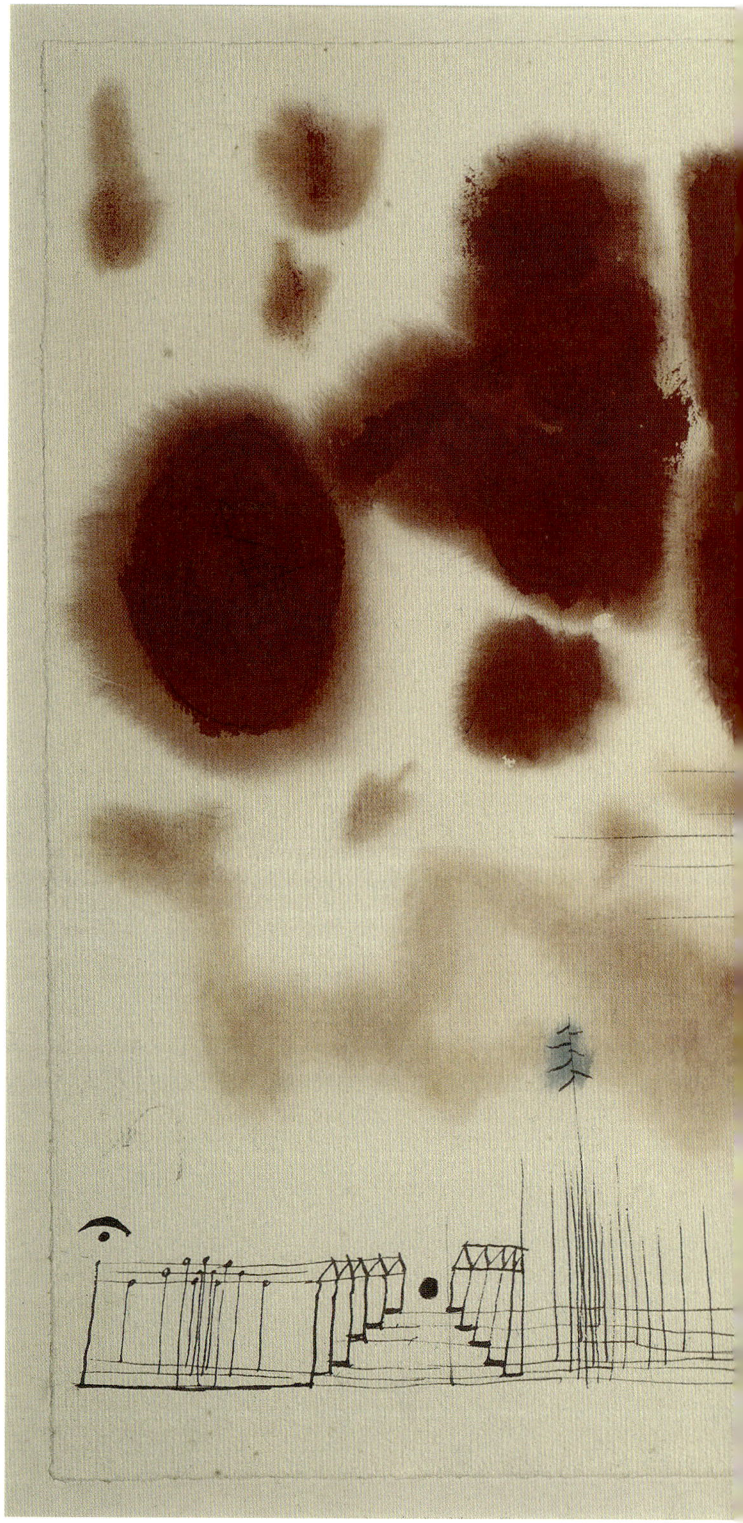

23 | Paul Klee, **Gewölk über Bor**, 1928

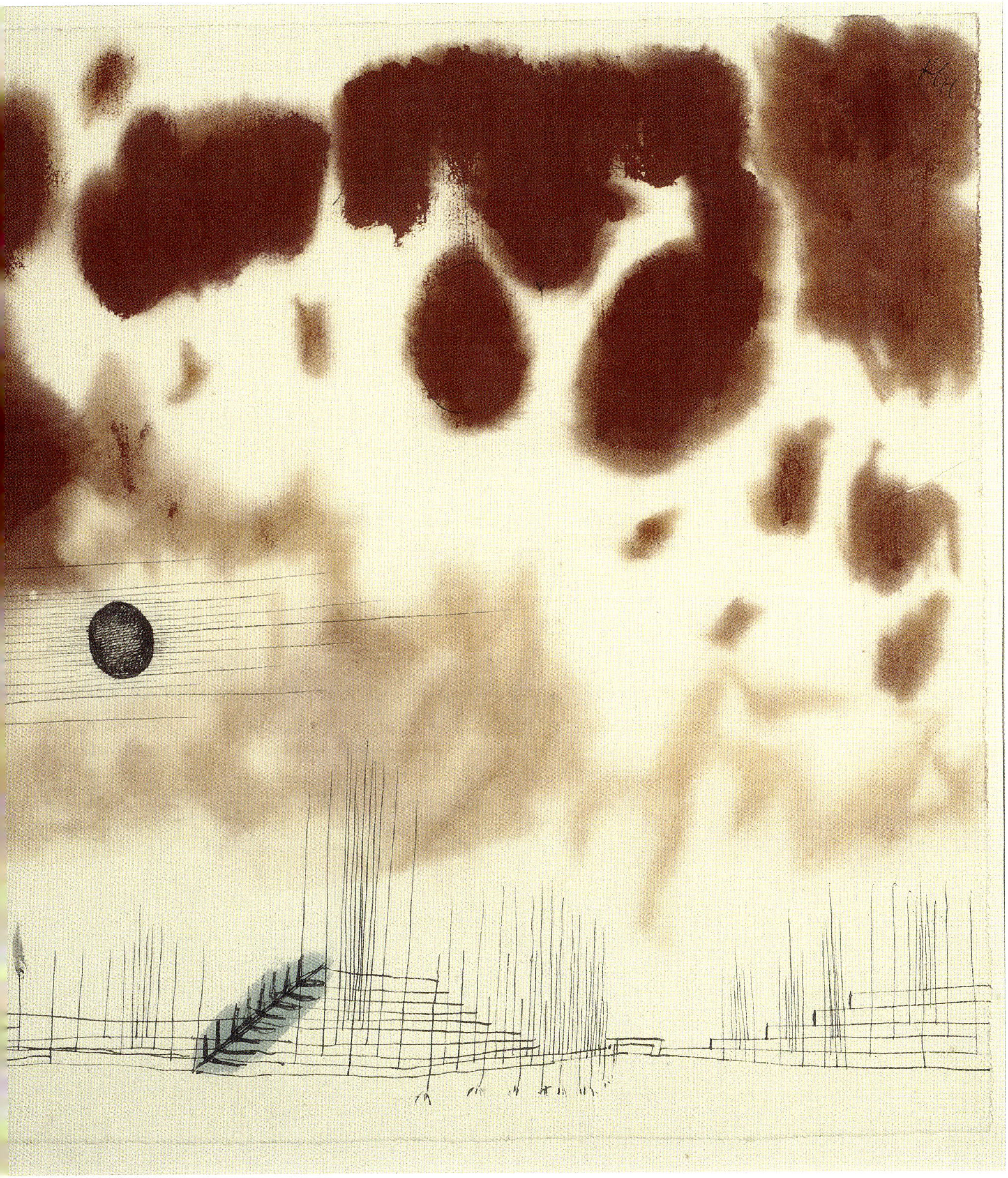

Auch hier treten klassische Formelemente wie der rechte Winkel, der Halbkreis, das Rechteck miteinander ins Gespräch. Und das auf einer von Licht und Schatten geprägten, gepunkteten Fläche, einem rhythmisch gewebten Farbteppich, der als solcher ganz in den Hintergrund tritt.

Was passiert, wenn Sie zum Beispiel die beiden oberen Elemente (Halbkreis, rechter Winkel) verdecken?

„Ohne diese Elemente verliert das Bild an Spannung. Sie ziehen meinen Blick auf sich." „Wenn ich sie abdecke, treten die Farben mehr in den Vordergrund, die sonst von dem Halbkreis und dem Winkel angezogen werden."

Unser Blick wird gleichsam in die Dimensionen zwischen den Elementen und in die Einheit von Form und Farbe erhöht. Darin entstehen neue Räumlichkeiten.

24 | Paul Klee, **Halbkreis zu Winkligem**, 1932

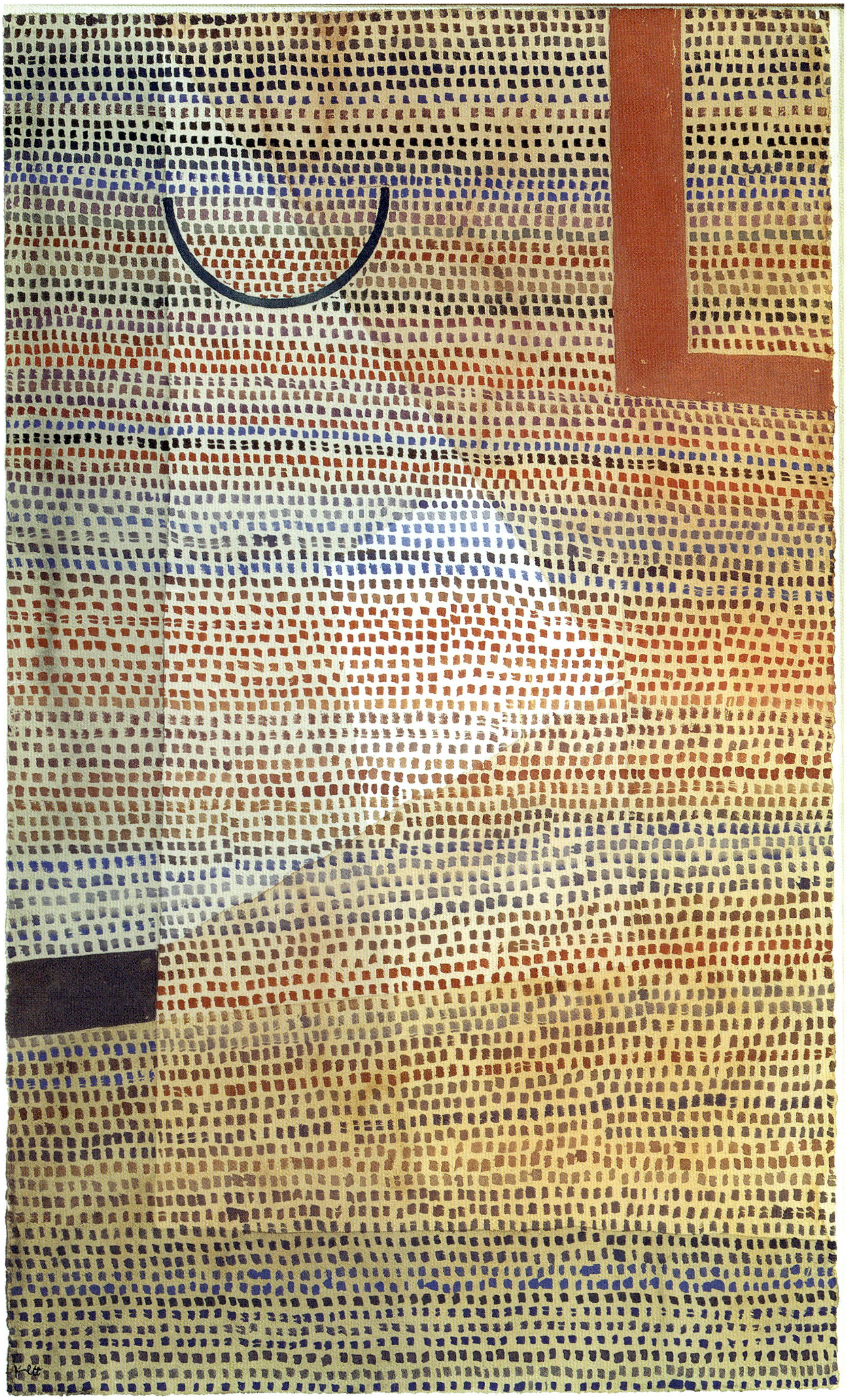

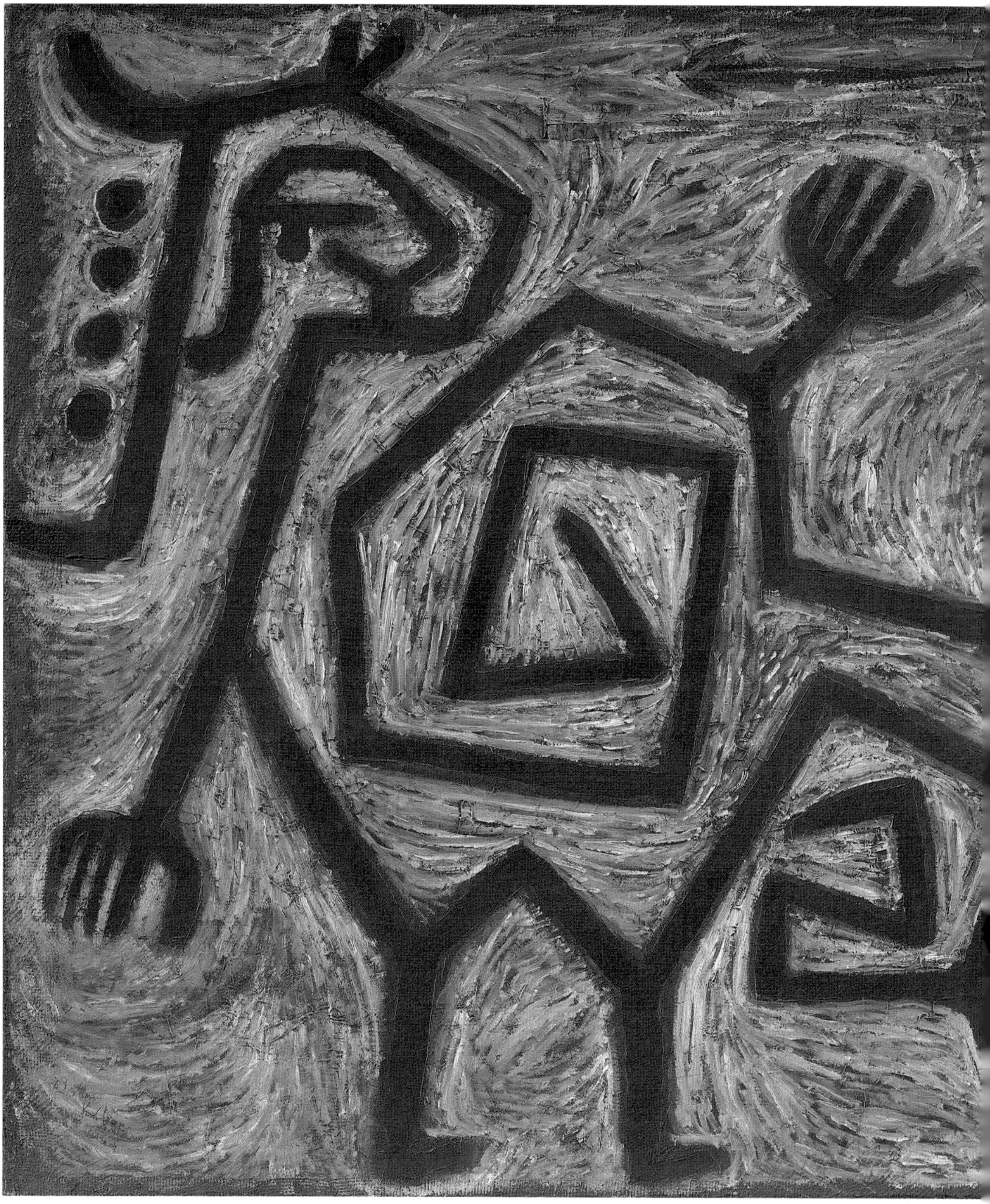

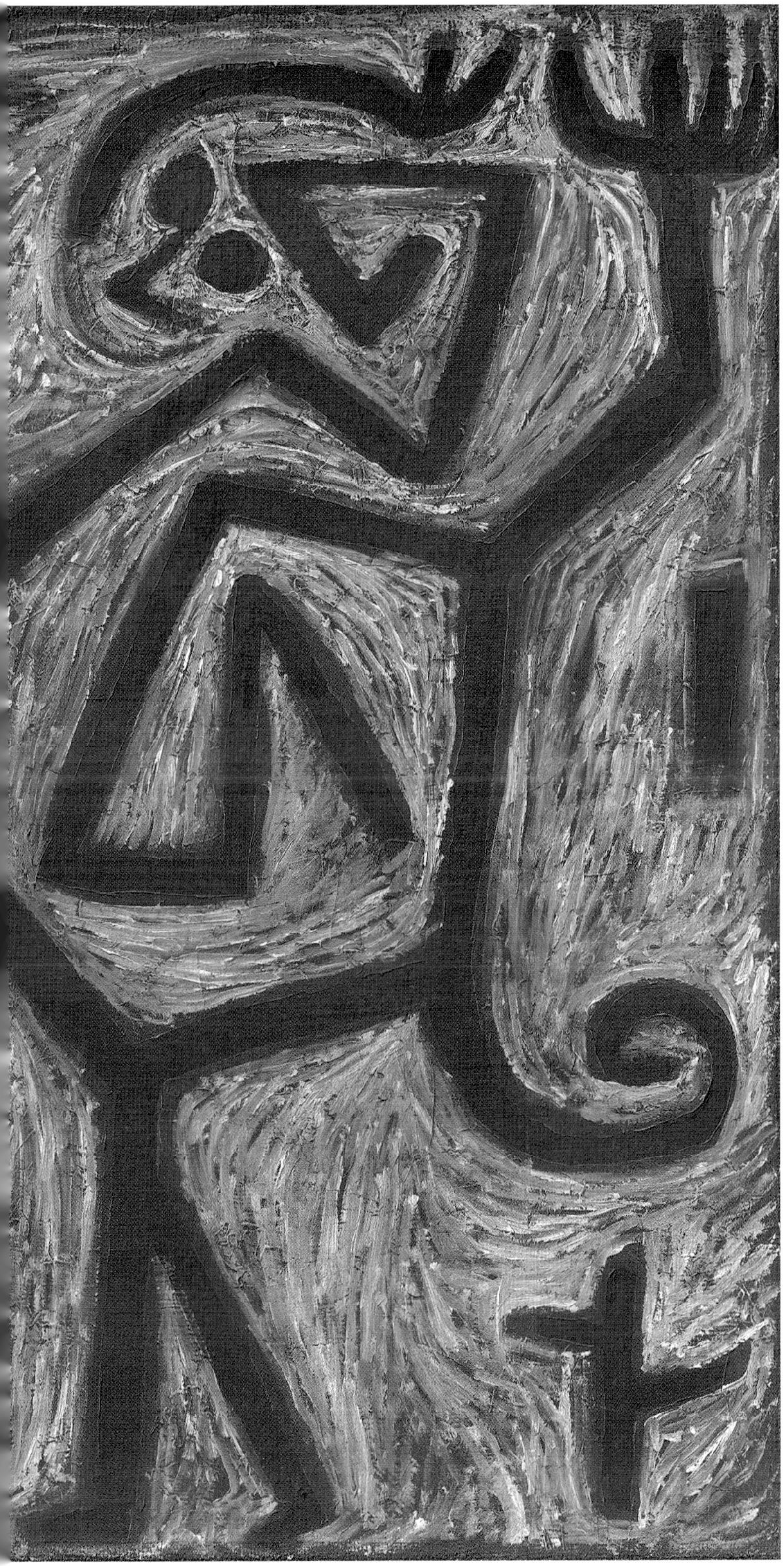

Denken Sie sich, das wären zwei Wesen mit Schwänzchen, Füßen, Bauch, Kopf und Händen. Was machen diese beiden Wesen? Was würden Sie sagen? „Die Figuren greifen ineinander."

Dieses Wesen hat seinen Bauch hier und dieses hat seinen Bauch dort. Hier unten links ist eine Hand und dort oben rechts ist eine Hand – und wem gehört diese Hand in der Mitte? „Das ist nicht so leicht zu entscheiden."

Denken Sie nun einmal, es seien alles nur Linien, so hängt dieses spiralförmige Lineament links mit der rechten Figur zusammen. Wenn ich es als Bauch ansehe, gehört es zu der linken. Und es kommt zu einem wunderbaren Hin und Her, wenn Sie den Horizont zwischen Linie und Gestalt-Figur wechseln. Es ist nicht so eindeutig, es geht hin und her, so wie die Pfeile, die am oberen Bildrand versteckt sind. Dieses Gebilde heißt *Zank-Duett*.

25 | Paul Klee, **Zank-Duett**, 1938

Scheidung Abends – zu diesem Bild hat der Künstler zum Glück etwas gesagt: „Treten Bewegung und Gegenbewegung ein (Anstieg und Fall), so stoßen Gegensätze aufeinander. Die Stufen von Dunkelheit zu Helligkeit führen bis zum Ineinanderströmen in einem silberartigen Vibrato zwischen Schwarz und Weiß.“ [33]

Ich möchte damit abschließen. Es kann nur fragmentarisch bleiben, was wir hier getan haben; Anregung für ein eigenes Tun, ein Aufmerksam-Werden auf die Wirklichkeit zwischen den Dingen, auf das, woraus Kunst überhaupt besteht: die Kunst als Fähigkeit, aufmerksam zu werden darauf, dass wir in unserer Sinnestätigkeit dieses Zwischenreich als eine geistige Präsenz ständig schaffen.

Ich danke Ihnen herzlich für Ihre Teilnahme und ich fühle mich durch Ihre Präsenz hier ermutigt, noch ein bisschen weiterzumachen. Eines Tages wird es wohl darin ausarten, dass auch andere hier sprechen werden und vielleicht eine Vielfalt von Aspekten hier anklingen kann. Ich danke Ihnen sehr für diese gemeinsame Arbeit. Sie haben es ja gemerkt, heute war wieder ein Ereignis.

26 | Paul Klee, **Scheidung Abends**, 1922

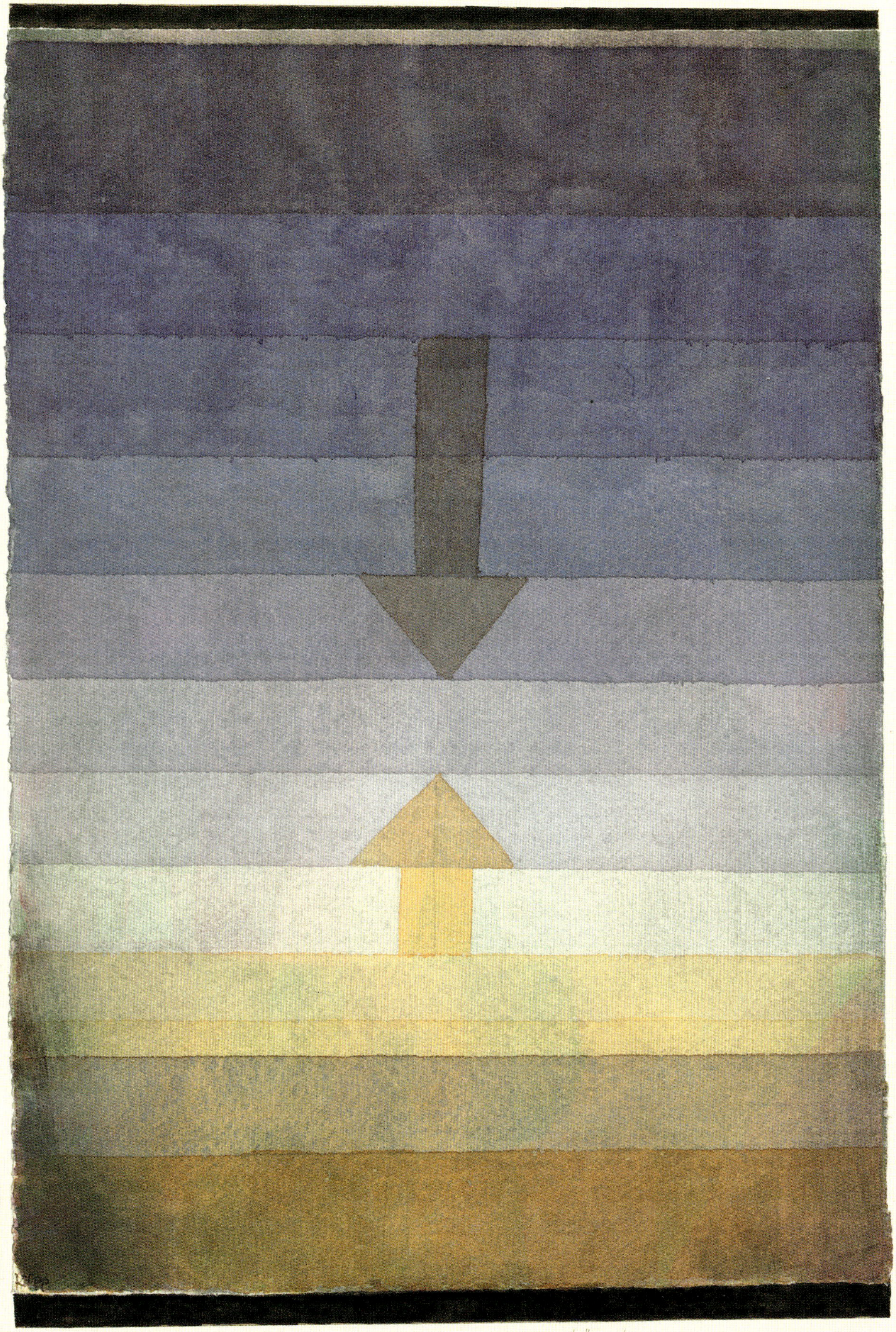
1922 79 Scheidung Abends

DAZWISCHEN-SEIN

Ein Maler, der aus dem Musikalischen heraus verstanden und gesehen werden kann – das war eines der Motive, das mir die Entscheidung für Paul Klee innerhalb des Publikationsprojekts der Bockemühl'schen Saalbau-Vorträge leicht machte.

Als studierte Bratschistin und mittlerweile Doktorandin der Philosophie kenne ich die methodischen und disziplinären Fragen und Herausforderungen des „Dazwischen-Seins", die Fragestellung nach dem Ineinandergreifen von Kunst und Wissenschaft oder auch Malerei und Musik. Daher interessiert mich insbesondere, welchen Weg Michael Bockemühl, der „Grenzgänger"[34] innerhalb disziplinärer Zwischenräume, einschlägt, um die Frage der Kunstwahrnehmung mit diesem außergewöhnlichen Maler aufzuschließen.

Schön, dass Michael Bockemühl sein Augenmerk – oder besser: Ohrenmerk? – unmittelbar auf dieses „Zwischenreich" lenkt, wo es gar nicht unbedingt nur die Farbe, die Materialität des Bildes ist, die den Wahrnehmungsprozess bestimmt und gestaltet, sondern vielmehr auch Klang, Rhythmus und Harmonie. Wie führt Michael Bockemühl auf diese Verbindungen hin?

Er fordert die Zuhörenden, und nun uns Lesende dazu auf, aufmerksam zu werden auf die Übergänge von Bild zu Klang, Klang zu Bild. Damit stellt er anknüpfend an die bereits erschienenen Vorträge ein neues Colorit vor: das Hören. Bisher ging es vielmehr um die Beobachtung des Sehens, die Sensibilisierung für die Beobachtung der Anschauung. Diese Beobachtung weitet er nun auf das Hören aus, ist der Umgang mit dem Musikalischen für Paul Klee, der jeden Morgen vor dem Malen mindestens eine Stunde Geige geübt hat, doch konstitutiv für seinen malerischen Stil.

Michael Bockemühl vermag in dieser Vorlesung Wege aufzuzeigen, anhand derer das Bild gehört oder die Musik gesehen werden kann. Diese Wege, so meine Erfahrung, sind vom „abtastenden Auge", um mit Paul Klee zu sprechen, nicht nur metaphorisch zu verstehen, sondern anhand von

„Es ist doch verflucht, wenn man heiratet, während dem man eine andere rasend liebt! Jawohl so ist's. Meine Geliebte ist und war die Musik, und die ölriechende Pinselgattin umarme ich bloß, weil sie eben meine Frau ist.“[35]

Paul Klee, 1898

Klees Bildern mit den eigenen Augen leiblich erfahrbar. Und auch hörend ist es eine zauberhafte Erfahrung, im Zusammenwirken von Melodie, Harmonie und Rhythmus Wegen zu folgen, Wege zu entdecken – von den „Zuleitungskanälen“, die dem Ohr in der Musik eingerichtet sind, Gebrauch zu machen.

In der Schriftform, wo das performative Element des Vortrags einer textlichen Darstellung weicht, sind wir nochmals anders herausgefordert, Text und gesprochene Sprache wie auch Bild und Klang zusammen zu denken und denkend zu erfahren. „Bildrezeption“ wird hier nicht nur „Bildproduktion“[36], Bildrezeption wird Klangproduktion. Textrezeption wird Bild- und Klangproduktion und so weiter.

Auch wenn wir uns mit der Herausgabe dieses Bands entschlossen haben, mit QR-Codes und Weblink die Klangbeispiele zugänglich zu machen, bleibt es eine Herausforderung, hörend in die Bilder einzutauchen. Dieser Band ist somit Einladung und Herausforderung zugleich: die Leerstelle zwischen Schrift und Bild, Musik und Malerei in Eigenaktivität zu füllen und zu verlebendigen. Dass den Lesenden im Mit-Hervorbringen dieser Verbindungen zwischen Klang und Bild die Rolle eines künstlerischen Co-Produzenten zugesprochen wird, müsste ganz im Bockemühl'schen Sinne sein, kann die „Expedition ins Zwischenreich“ doch nur von jedem selbst angetreten werden.

Diese künstlerische Co-Produktion löst die Grenzen zwischen Sehen und Hören auf, macht diese nebensächlich. Das, was sich dann ereignet, bleibt oft unbeschreibbar – was im Umgang mit Kunst auch gern einmal sein darf.

Johanna Lamprecht

LEBENSDATEN

PAUL KLEE

„Ich suche einen entlegenen schöpfungsursprünglichen Punkt, wo ich eine Art Formel ahne für Mensch, Tier, Pflanze, Erde, Feuer, Wasser, Luft und alle kreisenden Kräfte zugleich. Der Erdgedanke tritt vor dem Weltgedanken zurück.“ [37]

Paul Klee

1879
Paul Klee wird am 18. Dezember in Münchenbuchsee bei Bern als Sohn des deutschen Musikers Hans Klee und der schweizerischen Musikerin Ida Marie, gebürtige Frick, geboren.

1886
Klee tritt in die Primarschule ein und beginnt mit dem Geigenunterricht.

1898
Nach Primarschule, Progymnasium und Literarschule besteht Klee im Herbst 1898 das Maturitätsexamen. Im Oktober nimmt er das Kunststudium in München auf, zunächst in der privaten Zeichenschule von Heinrich Knirr.

1899
Bei einem musikalischen Abend lernt Klee die Pianistin Lily Stumpf kennen. Sie heirateten standesamtlich am 15.9.1906. Im darauffolgenden Jahr wurde ihr einziges Kind Felix geboren (30.11.). Da die Mutter bis 1913 den Lebensunterhalt der Familie mit Klavierunterricht und Konzertauftritten bestritt, kümmerte sich der Vater um den Haushalt und die Erziehung des Sohnes.

1900
Im Oktober wird Klee in die Münchner Akademie aufgenommen und studiert bei Franz von Stuck. Schwerpunkt seiner Arbeiten ist die Form.

1901
Klee verlässt München, unternimmt eine Italienreise und zieht danach zurück nach Bern. In Bern arbeitet er an ersten Radierungen und spielt im Berner Stadtorchester Geige.

1905
Künstlerreise nach Paris.

1914
Im April reist Klee mit August Macke und Louis Moilliet nach Tunesien. Die Erfahrung wird zum Durchbruch in der Farbmalerei für Klee. Es entstehen die Tunis-Aquarelle, unter anderem *Garten in der tunesischen Europa-Kolonie St. Germain* (Abb. 6) und *Erinnerung an einen Garten* (Abb. 7). Der Erste Weltkrieg bricht aus.

1915
Paul Klee bekommt Besuch von Rainer Maria Rilke. Arbeiten zur Abstrakten Kunst und Weiterentwicklung des malerischen Kompositionsbegriffs. Es entsteht *Föhn im Marc'schen Garten* (Abb. 8).

1916
Klee wird zum Militärdienst eingezogen und erhält die Nachricht vom Tod seines Künstlerkollegen Franz Marc. Neben seinen Arbeiten bei der Bemalung der Militärflugzeuge kann er weiterhin künstlerisch schaffen.

27 | Paul Klee, Bern 1896

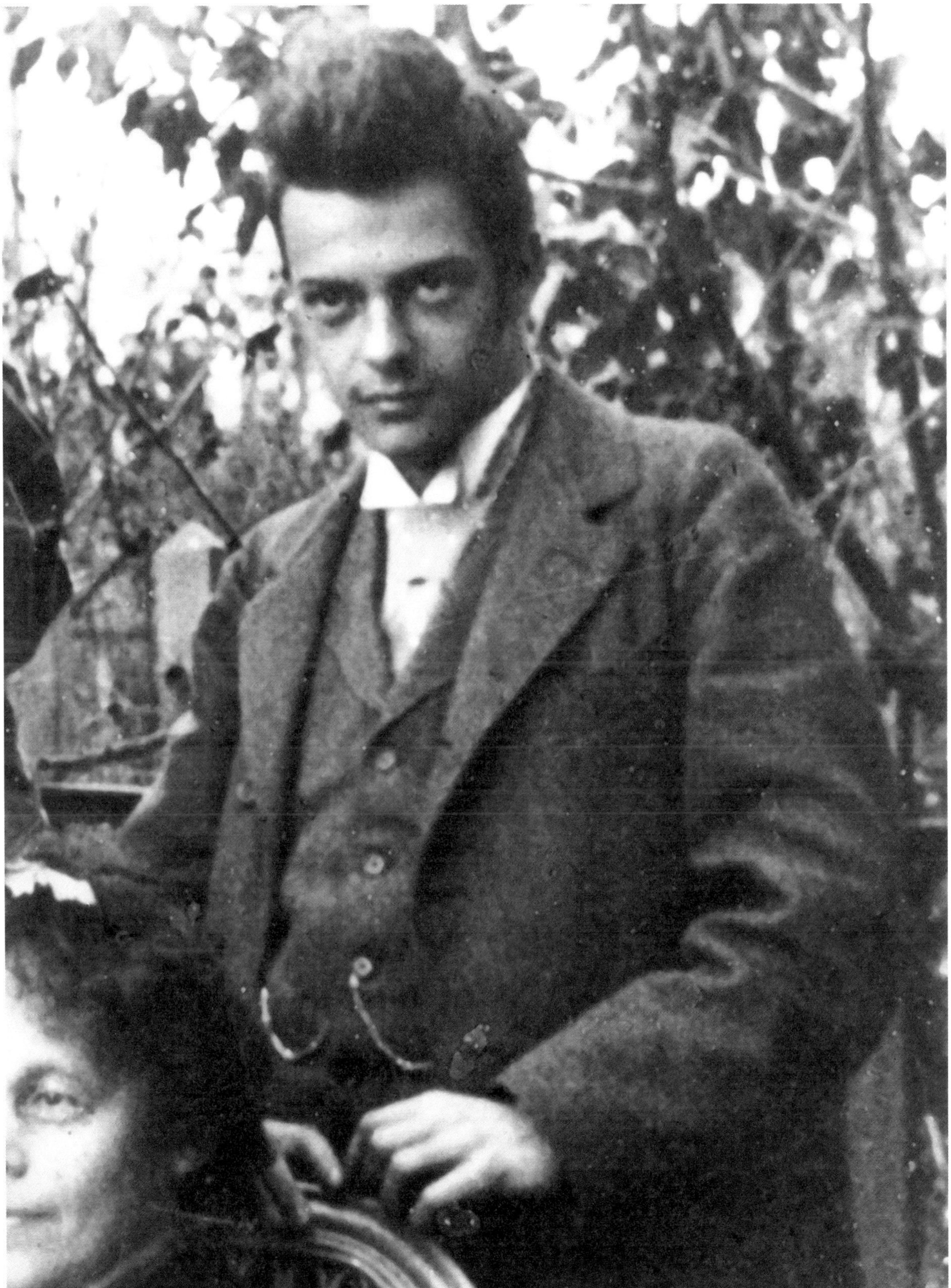

„Der Mensch meines Werkes ist nicht Spezies, sondern kosmischer Punkt. Mein irdisch Auge ist zu weitsichtig und sieht meist durch die schönsten Dinge hindurch." [38]

Paul Klee

1917
Die Ausstellung in der Galerie *Der Sturm* in Berlin wird zum finanziellen Erfolg.

1918
Nach Ende des Krieges kehrt Klee zu seiner Familie nach München zurück.

Das Bildgedicht *Einst dem Grau der Nacht enttaucht* (Abb. 22) entsteht.

1919
Im Bach'schen Stil (Abb. 5)

1920
Berufung an das Staatliche Bauhaus nach Weimar durch Walter Gropius. Klee lehrt als Formmeister und arbeitet künstlerisch mit Formelementen und Komposition.
Die *Schöpferische Konfession* erscheint in einer Schriftensammlung in Berlin. *Herbstlicher Klang* (Abb. 10) und *Kamel in rhythmischer Baumlandschaft* (Abb. 13) entstehen.

Klee pendelt zwischen seiner Arbeitsstelle in Weimar und seiner Familie in München und später Thüringen.

1921–1923
Wege des Naturstudiums erscheint im ersten Bauhausbuch. Tägliche Spaziergänge in Deutschland inspirieren die Arbeit des Künstlers. In den folgenden Jahren unternimmt Paul Klee verschiedene Reisen nach Südeuropa. Es entstehen: *Fuge in Rot* (Abb. 12) und *Zwitschermaschine* (Abb. 19), *Harmonie Blau-Orange* (Abb. 9) und *Scheidung Abends* (Abb. 26)

1924
Umzug des Bauhauses nach Dessau.

Klee hält in Jena einen Vortrag *Über die Moderne Kunst.* Es entsteht *Physiognomische Kristallisation* (Abb. 18)

1925
Das Pädagogische Skizzenbuch erscheint als zweites Bauhausbuch.

1926
Werke von Klee werden in Paris ausgestellt. Ein Jahr später entstehen: *Fakturale Rhythmen auf Grund von Notenbeispielen* (Abb. 14), *Das vierteilige Taktbild in weicher Biegung* (fakturaler Rhythmus) (Abb. 15), *Abfahrt der Schiffe* (Abb. 16), *Segelschiffe leicht bewegt* (Abb. 17).

1928
Es entsteht u.a.: *Gewölk über Bor* (Abb. 23).

1930
Klee kündigt sein Engagement am Bauhaus zugunsten seiner künstlerischen Freiheiten und wird an die Kunstakademie nach Düsseldorf berufen.

1932
Es entsteht u.a.: *Halbkreis zu Winkligem* (Abb. 24)

1933
Im April wird Klee fristlos entlassen. Seine Kunst wird unter dem Nationalsozialismus in Deutschland diffamiert. Klee zieht mit seiner Frau in die Schweiz zurück.

1935
Aus diesem Jahr stammt das Werk *Gezeichneter* (Abb. 20). Eine schwere Krankheit trifft Klee. Ein Jahr später entsteht *Neue Harmonie* (Abb. 11)

1937
Picasso besucht Klee in Bern. Eine neue Schaffensperiode beginnt nach seiner Regeneration. Sie ist geprägt von Humor und Ernst.

1938
Es entstehen die Werke *ABC für Wandmaler* (Abb. 21) und *Zank-Duett* (Abb. 26).

1939
Klee versucht die Schweizer Staatsbürgerschaft zu bekommen. Er erreicht eine Hochphase in seiner künstlerischen Produktion mit weit über tausend Werken im Jahr.

1940
Paul Klee stirbt am 29. Juni im Krankenhaus in Locarno-Muralto.

28 | Paul Klee, Possenhofen am Starnberger See, 1921

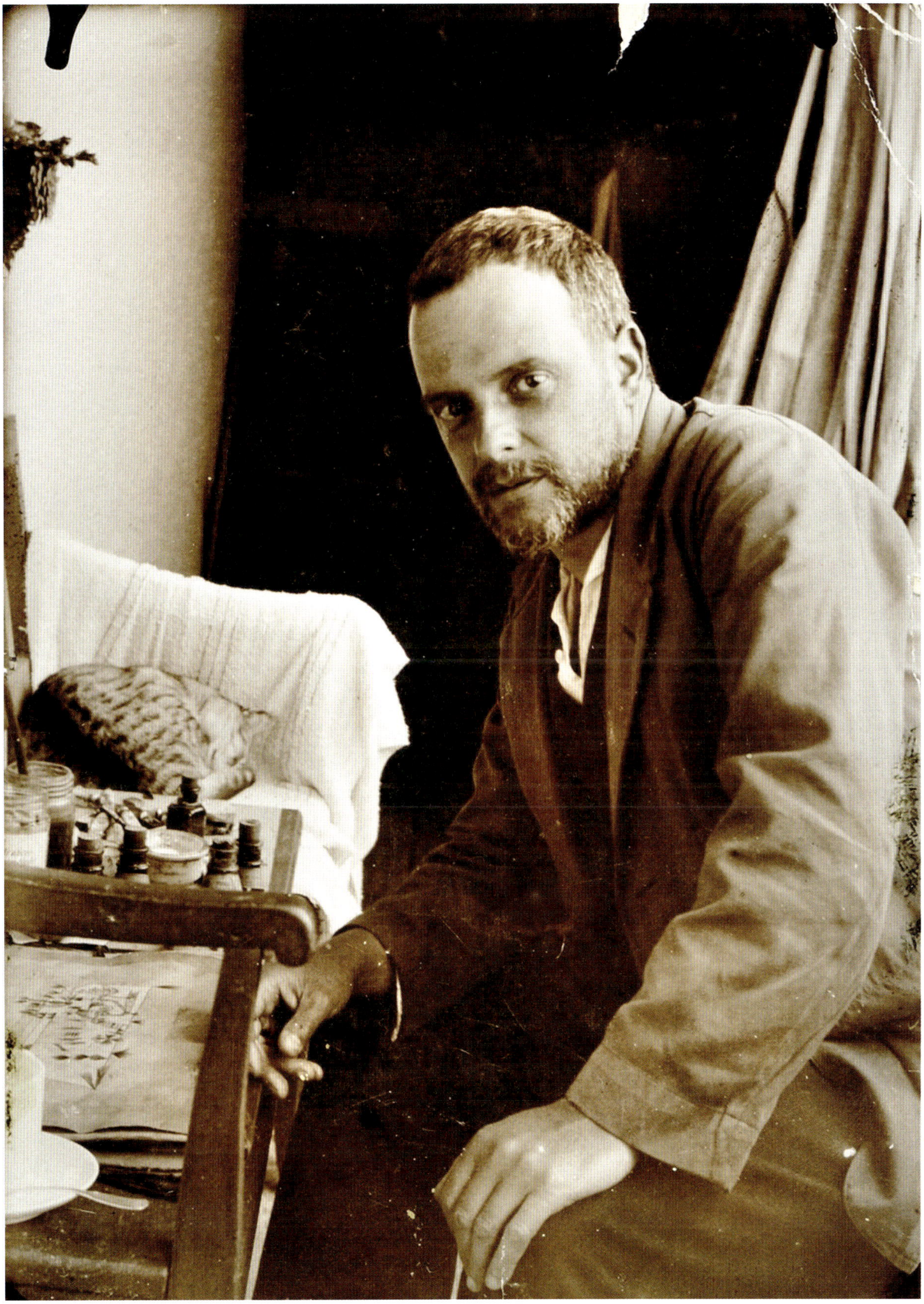

„Ich möchte über das Pathos hinaus die Bewegung ordnen." [39]

Paul Klee

29 I Hugo Erfurt, Paul Klee, um 1930

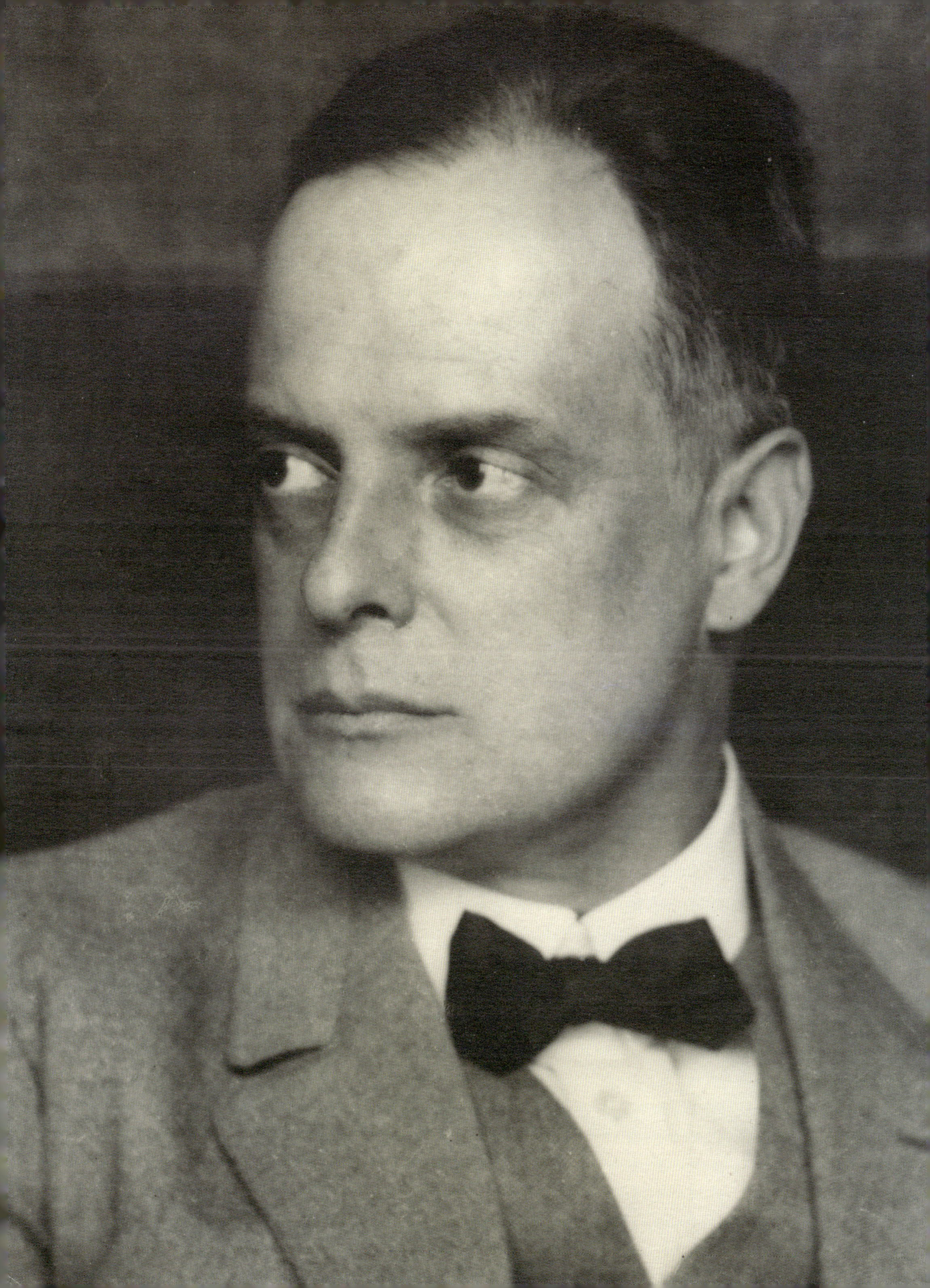

ANMERKUNGEN

1 Paul Klee: *Schöpferische Konfession.* In: *Tribüne der Kunst und der Zeit.* Eine Schriftensammlung, Band XIII, S. 28–40. Erich Reiss Verlag, Berlin 1920, Seite 32. Im Folgenden *Schöpferische Konfession* genannt.

2 So sagt zum Beispiel der Neuroästhetiker Semi Zeki: „Wir haben festgestellt, was alle Bilder, Körper, Landschaften, Klänge, Formeln und sogar Handlungen miteinander verbindet, die Menschen als schön empfinden: Sie gehen mit derselben Hirnreaktion einher." In: Stefan Kleins *Wissenschaftsgespräche (33)*, ZEITmagazin Nr. 2, vom 03.01.2019, S. 30.

3 Vgl. Michael Bockemühl. Bd. 1, KUNST SEHEN. MALEREI DES 19. JAHRHUNDERTS, 2. Aufl. Frankfurt/M. 2019, S. 19.

4 Paul Klee, in: *Wege des Naturstudiums* (1923), zit. n.: Hans M. Wingler, *Das Bauhaus.* 1919–1933 Weimar, Dessau, Berlin und die Nachfolge in Chicago seit 1937, Rasch Verlag, 2. Aufl., Bramsche 1968, S. 86.

5 Vgl. *Das sichtbare Unsichtbare, Bericht über die Vorlesung zu Joseph Beuys*, Sendung vom 17.11.1994, WDR Fernsehen.

6 Jana Eckey, Studentin der Philosophie und Kulturreflexion.

7 Im Gespräch mit David Hornemann v. Laer betonte Michael Bockemühl, dass dieser Vortragszyklus sein eigentliches Hauptwerk sei. Er habe nur noch keine Form gefunden, wie man solche Vorlesungen, die die Kunst möglichst für alle zugänglich machen möchten – unabhängig von Vorkenntnissen, Bildungsstand und Alter – adäquat veröffentlichen könne.

8 Michael Bockemühl, *Die Wirklichkeit des Bildes.* Bildrezeption als Bildproduktion. Rothko, Newman, Rembrandt, Raphael. Verlag Urachhaus, Stuttgart 1985, S. 180.

9 Paul Klee: *Schöpferische Konfession*, S. 38.

10 Max Frisch, *Tagebuch 1946–1949*, Suhrkamp Frankfurt/Main 1958, S. 332.

11 Paul Klee, *Schöpferische Konfession*, S. 28.

12 A.a.O., S. 33.

13 Ebd.

14 A.a.O., S. 34

15 Ebd.

16 Ebd.

17 Vgl. Michael Bockemühl, KUNST SEHEN, Bd. 7, Wassily Kandinsky; Bd. 8, Emil Nolde; Bd. 9, Piet Mondrian, Info3 Verlag Frankf./M. 2019.

18 Vgl. Susanna Partsch, *Klee*, Taschen Verlag Köln 2011, S. 8.

19 Vgl. Paul Klee, *Form- und Gestaltungslehre.* Hrsg. und bearb. von Jürg Spiller. 2 Bd., Basel/Stuttgart 1956–1970: Bd. 1: Das bildnerische Denken (1956); Bd. 2: Unendliche Naturgeschichte (1970).

20 Paul Klee, *Im Zwischenreich – Aquarelle und Zeichnungen von Paul Klee.* Texte von Paul Klee und Werner Haftmann, Bildbeschreibungen von Carola Giedion-Welcker, Will Grohmann, Werner Schmalenbach und Georg Schmidt, Köln 1957.

21 Paul Klee, zit. n. Leopold Zahn, *Paul Klee.* Leben, Werk, Geist, Potsdam 1920, S. 5. Im Folgenden *Leben, Werk, Geist* genannt.

22 *Präludium und Fuge Cis-Dur*, BWV 848 bilden ein Werkpaar im ersten Teil des Wohltemperierten Klaviers, einer Sammlung von Präludien und Fugen für Tasteninstrumente.

23 Im Tagebuch Klees heißt es: „Neu gestärkt durch meine naturalistischen Eindrücke, darf ich dann wieder wagen, mein Urgebiet der psychischen Improvisation neu zu betreten. Hier an einen Natureindruck nur ganz indirekt gebunden, kann ich dann wieder wagen, das zu gestalten, was die Seele gerade belastet. Erlebnisse zu notieren, die sich selbst in blinder Nacht in Linie umsetzen könnten. Hier liegt eine neuschöpferische Möglichkeit längst vor, welche nur seinerzeit durch die Ängstlichkeit des Isoliertseins unterbrochen worden war. So wird meine Persönlichkeit zu Wort kommen, sich in größter Freiheit befreien können." Paul Klee, *Tagebücher von Paul Klee 1998–1918.* Herausgegeben und eingeleitet von Felix Klee. DuMont Schauberg, Köln 1957, Eintrag 842, S. 242. Im Folgenden *Tagebücher* genannt.

24 Paul Klee, *Tagebücher*, Eintrag 926, S. 307.

25 Naheliegend wäre hier der Begriff Farbkontrast, der jedoch weniger einen bestimmbaren Zwischenraum als die bloße Differenz bezeichnet. In Abgrenzung zum „Intervall" impliziert der „Kontrast" kein Maß, kann allerdings vielschichtig als differenzierte Analysekategorie dienen (Hell-Dunkel-Kontrast, Farbe-an-sich-Kontrast, Komplementärkontrast). Paul Klee scheint diesen Mangel allerdings selbst empfunden zu haben: „Die ganze Tüncherei geht außerdem an allen transparenten Mischungen (Lasuren) unbekümmert vorbei. Von der Ahnungslosigkeit gegenüber der Relativität der Farbwerte ganz zu schweigen. Die eine Möglichkeit der Harmonisierung durch gleichwertige Tonalität zur allgemeinen Norm zu machen, heißt allen psychischen Reichtum beschlagnahmen." Aus Briefen von Paul Klee an Hans Hildebrandt. In: Paul Klee, Gemälde, Aquarelle, Zeichnungen, Graphik; Hrsg. Lothar-Günther Buchheim, Frankfurt am Main o.J. [1950], S. 12f.

26 Paul Klee, *Tagebücher*, Eintrag 640, S. 187.

27 Eurythmie ist eine zwischen 1912 und 1924 von Rudolf Steiner und Lory Maier-Smits entwickelte Bewegungskunst, die durch Körperbewegungen äußerlich sichtbar macht, was als innere seelische Bewegung in Sprache und Musik lebt. Vgl. Rudolf Steiner, *Die Entstehung und Entwickelung der Eurythmie*, Rudolf Steiner Verlag, 3. Aufl., Dornach 1998.

28 Paul Klee, zit. n.: *Leben, Werk, Geist*, S. 5.

29 Vgl. Paul Klee, *Das bildnerische Denken.* Schriften zur Form- und Gestaltungslehre, hrsg. und bearbeitet von Jürg Spiller, Verlag Benno Schwabe, Basel/Stuttgart 1956. Im Kapitel I.1 Gestaltungslehre als Begriff, Einleitung: Orientierung im Raum, bemerkt Klee: „Der Begriff ohne Gegensatz nicht denkbar." S. 15. Im Folgenden *Das bildnerische Denken* genannt.

30 Beispielsweise heißt es in den Notizen zu einer Vorlesung vom 28. November 1922 über den Regenbogen: „Dieser Einzelfall einer Scala der reinen Farben spielt sich bezeichnenderweise nicht ganz diesseits ab, sondern im irdisch-kosmischen Zwischenreich der Athmosphaere (...)." Paul Klee in: *Das bildnerische Denken*, S. 467.

31 Über die Bildtitel bemerkt Klee im Gespräch mit Hans Friedrich Geist, dass diese nur in eine von ihm empfundene Richtung weisen würden: „Es bleibt ihnen überlassen, sie anzunehmen, in meine Richtung zu gehen, sie abzulehnen und eigene zu versuchen – oder einfach stehen zu bleiben, nicht mitgehen zu können." Zit. n. Ludwig Grote (Hg.), *Erinnerungen an Paul Klee*, Prestel, München 1959, S. 81.

32 Im Tagebuch Klees heißt es diesbezüglich: „Man verlässt die diesseitige Gegend und baut dafür hinüber in eine jenseitige, die ganz ja sein darf. [...] Die kühle Romantik dieses Stils ohne Pathos ist unerhört." *Tagebücher*, Eintrag 951, S. 323.

33 Paul Klee, in: *Das bildnerische Denken*, S. 11.

34 Michael Bockemühl: *Bildrezeption als Bildproduktion.* Ausgewählte Schriften zu Bildtheorie, Kunstwahrnehmung und Wirtschaftskultur, hg. von Karen van den Berg und Claus Volkenandt, transcript Verlag, Bielefeld 2016, S. 7.

35 Paul Klee. *Das Frühwerk 1883–1922*, hrsg. von Armin Zweite, Städtische Galerie im Lenbachhaus München, 1979, S. 46.

36 Vg. Michael Bockemühl, *Die Wirklichkeit des Bildes.* Bildrezeption als Bildproduktion. Verlag Urachhaus, Stuttgart 1985.

37 Paul Klee: *Der eigene Standpunkt.* (1916) In: Paul Klee, *Kunst-Lehre.* Aufsätze, Vorträge, Rezensionen und Beiträge zur bildnerischen Formlehre. Reclam-Verlag Leipzig 1991, S. 59f.

38 Ebd., S. 60.

39 Der Eintrag im Tagebuch lautet vollständig: „Ingres soll die Ruhe geordnet haben, ich möchte über das Pathos hinaus die Bewegung ordnen." Paul Klee, *Tagebücher*, Eintrag 941, S. 363.

HÖRBEISPIELE

Hörbeispiel 1:
Zu Paul Klee, *Im Bach'schen Stil,* Johann Sebastian Bach, Präludium und Fuge in Cis-Dur, BWV 848, Das Wohltemperierte Klavier, 1. Teil, gespielt von Kimiko Douglass-Ishizaka; https://www.welltemperedclavier.org (aufgerufen am 25.6.2020).

Hörbeispiel 2:
Zu Paul Klee, *Harmonie in Blau-Orange,* (Abb. 9, S. 35): Intervall: Quint (von lateinisch quinta: „die Fünfte"). Die reine Quint erklingt sukzessiv; der Abstand zwischen den beiden Tönen steht im Frequenzverhältnis 3:2 und umfasst fünf Tonstufen einer diatonischen Tonleiter.

Hörbeispiel 3:
Zu Paul Klee, *Fuge in Rot* (Abb. 12, S. 42-43, 44): Johann Sebastian Bach, Fuge in Cis-Dur, BWV 848, Das Wohltemperierte Klavier, 1. Teil, gespielt von Kimiko Douglass-Ishizaka; https://www.welltemperedclavier.org (aufgerufen am 25.6.2020).

Hörbeispiel 4:
Zu Paul Klee, *Fuge in Rot* (Abb. 12, S. 44): Fugenschema:
1. Dux – Comes – 2. Dux

Hörbeispiel 5:
Zu Paul Klee, *Fakturale Rhythmen aufgrund von Notenbeispielen,* (Abb.14, S. 48): Geklopfter Rhythmus I

Hörbeispiel 6:
Zu Paul Klee, *Fakturale Rhythmen aufgrund von Notenbeispielen,* (Abb.14, S. 49): Geklopfter Rhythmus II

Die Hörbeispiele Nr. 2, 4, 6 wurden eigens für diese Veröffentlichung eingespielt; Nr. 1, 3 und 5 werden gemeinfrei unter Creative Commons Zero Lizenz von Kimiko Douglass-Ishizaka zur Verfügung gestellt.

VERZEICHNIS DER WERKE UND BILDNACHWEISE

1 | Paul Klee, **Empfindender Künstler**, 1919, Ölpause auf Papier auf Karton, 26,1 x 17,9 cm, Zentrum Paul Klee, Bern, Schenkung Familie Klee © Zentrum Paul Klee, Bern, Bildarchiv, S. 9.

2 | Michael Bockemühl 2003, © Christian Nielinger, Essen, S. 14.

3 I Michael Bockemühl, Arbeitszimmer, © Christian Nielinger, Essen, S. 18.

4 | Michael Bockemühl 2003, © Christian Nielinger, Essen, S. 20.

5 | Paul Klee, **Im Bach'schen Stil**, 1919, Aquarell und Ölfarbenzeichnung auf Kreidegrund, 17,2 x 28,5 cm, Gemeentemuseum, Den Haag, © akg-images, S. 22-27.

6 | Paul Klee, **Garten in der tunesischen Europa-Kolonie St. Germain**, 1914, Aquarell auf Papier, 27,9 x 33 cm, Metropolitan Museum of Art, New York, © ARTOTHEK, S. 28–29.

7 | Paul Klee, **Erinnerung an einen Garten**,1914, Aquarell und Bleistift auf Papier auf Karton, 25,2/25,5 x 20,2/21,6 cm, Kunstsammlung Nordrhein-Westfalen, Düsseldorf, © akg-images, S. 31.

8 | Paul Klee, **Föhn im Marc'schen Garten**, 1915, Aquarell, auf Karton aufgeklebt, 20 x 15 cm, Städtische Galerie Lenbachhaus, München, © ARTOTHEK, S. 33.

9 | Paul Klee, **Harmonie Blau-Orange**, 1923, Ölfarbe auf schwarzer Grundierung und Papier, mit Aquarell und Feder eingefasst, unten Randstreifen mit Aquarell und Feder, auf Karton, 37,3 x 26,4 cm, Sammlung Rosengart, Luzern © akg-images, S. 35.

10 | Paul Klee, **Herbstlicher Klang**, 1920, Aquarell auf Papier, oben und unten Goldpapierstreifen angesetzt, Randstreifen mit Aquarell und Feder auf Karton, 13,4 x 24,3 cm, Museum Sammlung Rosengart, Luzern, S. 36-37.

11 | Paul Klee, **Neue Harmonie**, 1936, Öl auf Leinwand, 93.6 x 66.3 cm, S. Guggenheim-Museum, New York, © Fine Art Images - ARTOTHEK, S. 39–41.

12 | Paul Klee, **Fuge in Rot**, 1921, Aquarell und Bleistift auf Papier (links und rechts Papierstreifen angesetzt), auf Karton, 24,4 x 31,5 cm, Privatbesitz Schweiz, Depositum Zentrum Paul Klee, Bern, © Hans Hinz - ARTOTHEK, S. 42–45.

13 | Paul Klee, **Kamel in rhythmischer Baumlandschaft**, 1920, Öl und Feder auf kreidegrundierter Gaze auf Karton, 48 x 42 cm, Kunstsammlung NRW, Düsseldorf, © ARTOTHEK, S. 47.

14 | Paul Klee, **Fakturale Rhythmen auf Grund von Notenbeispielen**, um 1927, aus: Bildnerische Gestaltungslehre: I.4 Gliederung, Bleistift auf Papier (verso), 33 x 21 cm, Zentrum Paul Klee, Bern, S. 48–49.

15 | Paul Klee, **Das vierteilige Taktbild in weicher Biegung** (fakturaler Rhythmus), um 1927, aus: Bildnerische Gestaltungslehre: I.4 Gliederung, Bleistift auf Papier (recto), 33 x 21 cm, Zentrum Paul Klee, Bern, S. 50–51

16 | Paul Klee, **Abfahrt der Schiffe**, 1927, 50 x 60 cm, Kunstmuseum Basel, © Hans Hinz - ARTOTHEK, S. 52–53 und 55.

17 | Paul Klee, **Segelschiffe leicht bewegt**, 1927, Feder auf Papier auf Karton, 30,5 x 46,3 cm, Zentrum Paul Klee, Bern, Leihgabe aus Privatbesitz, © Zentrum Paul Klee, S. 54.

18 | Paul Klee, **Physiognomische Kristallisation**, 1924, Öl/Nessel/Karton, 41,8 x 51,4 cm, Kunstsammlung NRW, Düsseldorf, © ARTOTHEK, S. 56–57.

19 I Paul Klee, **Die Zwitscher-Maschine**, 1922, Aquarell und Ölfarbzeichnung auf Papier, 41 x 31 cm, Museum of Modern Art, New York, © akg-images, S. 61.

20 | Paul Klee, **Gezeichneter**, 1935, Öl/Wasserfarbe/Gaze/Pappe, 30,5 x 27,5cm, Kunstsammlung NRW, Düsseldorf, © ARTOTHEK, S. 63.

21 | Paul Klee, **ABC für Wandmaler**, 1938, Ölfarbe, Zeichnung eingeritzt, auf Gipsgrundierung, auf Jute auf Karton, 65 x 37,8 cm, Museum Sammlung Rosengart, Luzern, S. 65.

22 | Paul Klee, **Einst dem Grau der Nacht enttaucht ...**, 1918, Aquarell, Feder und Bleistift auf Papier, 22,6 x 15,8 cm, Zentrum Paul Klee, Bern, © Hans Hinz – ARTOTHEK, S. 67.

23 | Paul Klee, **Gewölk über Bor**, 1928, Aquarell und Feder auf Ingrespapier, 30,8 x 45,8 cm, Privatbesitz Deutschland, © akg-images, S. 68–69.

24 | Paul Klee, **Halbkreis zu Winkligem**, 1932, Aquarell/Deckfarben/Papier, 48 x 30 cm, Kunstsammlung NRW, Düsseldorf, © ARTOTHEK, S. 71.

25 | Paul Klee, **Zank-Duett**, 1938, Ölfarbe auf Jute, 71 x 102 cm, Hilti Art Foundation, Schaan, Liechtenstein © bpk/Kunstsammlung Nordrhein-Westfalen, Düsseldorf, S. 72–73.

26 | Paul Klee, **Scheidung Abends**, 1922, Aquarell und Bleistift auf Papier auf Karton, 33,5 x 23,2 cm, Zentrum Paul Klee, Bern, Schenkung Livia Klee, S.75.

27 | Paul Klee und Elsie Wächter, Obstbergweg 6, Bern, 1897, Fotograf: unbekannt, Zentrum Paul Klee, Bern, Schenkung Familie Klee, S. 78.

28 I Paul Klee, Possenhofen am Starnberger See, 1921, unbekannter Fotograf, Privatbesitz, © Fine Art Images - ARTOTHEK, S. 81.

29 | Paul Klee, um 1930, Fotograf: Hugo Erfurt (1874-1948), um 1930, 26 x 19,5 cm, Museum Folkwang, Fotografische Sammlung, © Museum Folkwang Essen - ARTOTHEK, S. 83.

DANK

Dass diese vor über 25 Jahren begonnene und glücklicherweise auf Tonband aufgezeichnete Vortragsreihe nun endlich in Buchform erscheinen kann, verdankt sich der Mitarbeit vieler Menschen.

Die Aufzeichnungen auf den Tonbändern wurden von Sandra Schwarz verschriftlicht. Natalie Rehm brachte die Texte in eine erste Form und suchte die Dias zu den Vorträgen zusammen. Schließlich gab es zahlreiche Studierende, die sich seit 2014 im Rahmen von Seminaren, die von David Hornemann v. Laer geleitet wurden, in unterschiedlicher Besetzung um eine vorsichtige Überarbeitung der Vorträge kümmerten, welche den Stil der frei gehaltenen Vorträge beibehielt und sie gleichwohl auch lesbar machten.

An dem Zustandekommen dieses Projekts waren bisher beteiligt:
Tanja Adam-Heusler, Meike Adden, Joseph Bailey, Elena Ball, Luise Baumeister-Lingens, Lea Bengel, Franziska Behrens, Laura Bickel, Malte Bischoff, Geraint Black, Leandra Börner-Valdez, Antonia Bonn, Malte Braun, Demian Buchner, Elisabeth Capellmann, Eda Ciftci, Julius Daniel, Anna Deffner, Philipp Doose, Jana Eckey, Lara-Luna Ehrenschneider, Manischa Eichwalder, Noa Fischer, Isabel Gadea, Caroline Geck, Max Geuer, Paul Geilenberg, Andreas Grießer, Isabel Gudd, Julia Hansel, Antonia Heinrich, Ronja Hellebrandt, Hannah Heukeroth, Laura Jacobson, Sinja Jessberger, Florian Kämpf, Jannis Keuerleber, Jennifer Klack, Melanie Laskowski, Clara Laufenberg, Dominik Lauinger, Vittoria Lenz, Valerie Liebers, Katharina Lilienthal, Rose Link, Luca Löhr, Foo Low, Patrizia Marioli, Laura Marschallek, Miranda Kiefer, Jonas Klingberg, Mathilda Knoblauch, Anna Ko, Julian Kramp, Andrea Kreisel, Johanna Lamprecht, Matthias Lamprecht, Helias Mackay, Nura Mahmalat, Johanna Mayrshofer, Nikolas Middelmann, Tobias Möller-Hahlbrock, Lorenz Mrohs, Julia Muhsal, Matthias Niedermann, Deborah Oppermann, Martin Pawelkiwitz, Christian Petersen, Laurenz Pfaff, Matthias Pfrogner, Anselm Prechtl, Constantin Reuter, Joyce Rieck, David Richardoz, Lydia Roknic, Carla Scherf, Paul Schönenberg, Felix Schramm, Verena Schusser, Josephine Schütt, Amelie Scupin, Inga Seefeld, Flora Seibel, Laura Sieber, Sarah Sock, Carlotta Süring, Rahel Steffen, Rachel Steinmetz, Carla Tenthoff, Christine Teuchert, Olaf Tittel, Philine Töpper, Friedemann Uhl, Richard Ulrich, Nikolas von Kameke, Pauline Warneboldt, Anna-Lena Weidemann, Christiane Weinberg, Shaya Werner, Clara Wicharz, Jette Wolf, Klara Zepp, Mara Zöller.

Die Buchreihe verdankt ihre das Kunstwerk ins Zentrum rückende Gestaltung dem Grafiker Frank Schubert. Birgit Bockemühl stand uns mit Rat und Tat zur Seite und war insbesondere bei der Klärung schwieriger Textstellen und deren Umformulierung eine unschätzbare Hilfe.

Silke Kirch sei Dank für ihre vielen hilfreichen Anmerkungen, die zu einer wesentlichen Verbesserung des Textes geführt haben, sowie ihr aufmerksames Lektorat und Christoph Steinrücken für das umsichtige Marketing. Nicht zuletzt sei den Verlagsleitern Jens Heisterkamp und Ramon Brüll für ihre Unterstützung und ihren Glauben an dieses herausfordernde Projekt gedankt.

Zudem danken wir den im Folgenden genannten Förderern, die uns unterstützt und die Drucklegung dieses Bandes möglich gemacht haben.

universität Witten/Herdecke
Fakultät für Kulturreflexion
- Studium fundamentale

wittener universitätsgesellschaft

GLS Treuhand

Pamphalon Stiftung

IBAM
Integriertes Begleitstudium
Anthroposophische Medizin
Universität Witten/Herdecke

Werner Richard-
Dr. Carl Dörken
Stiftung

KUNST SEHEN Die Edition

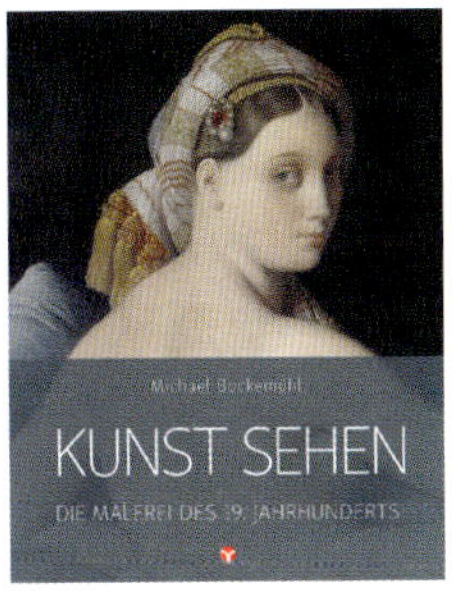

Band 1
Malerei des
19. Jahrhunderts

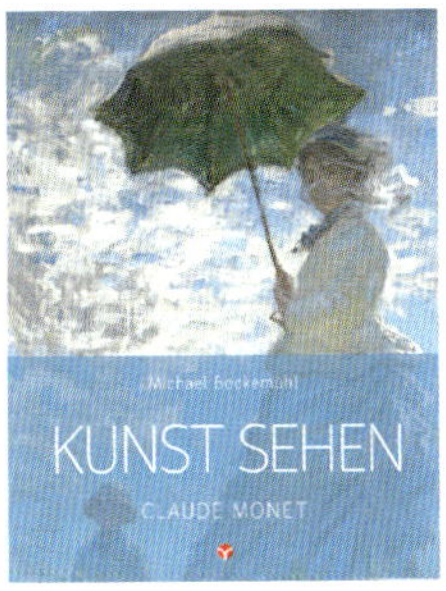

Band 2
Claude Monet

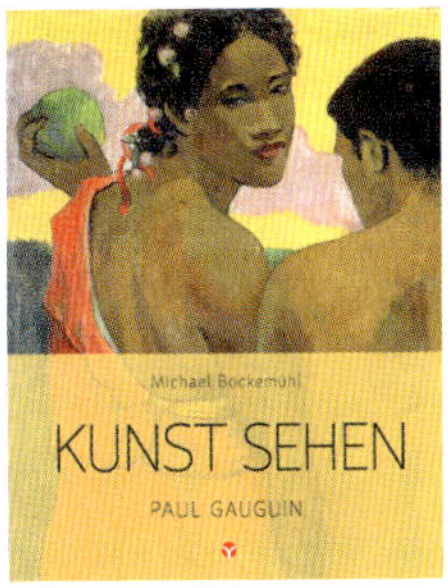

Band 3
Paul Gauguin

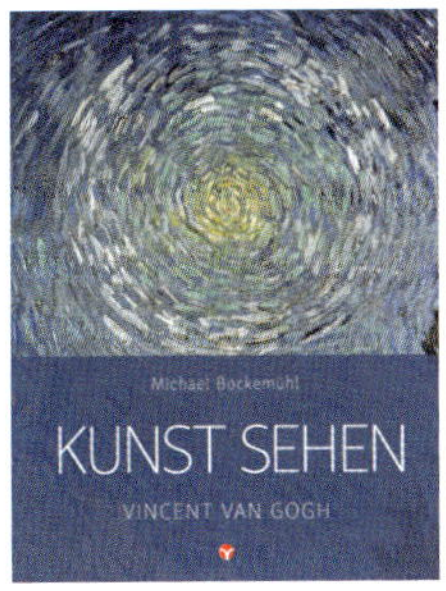

Band 4
Van Gogh

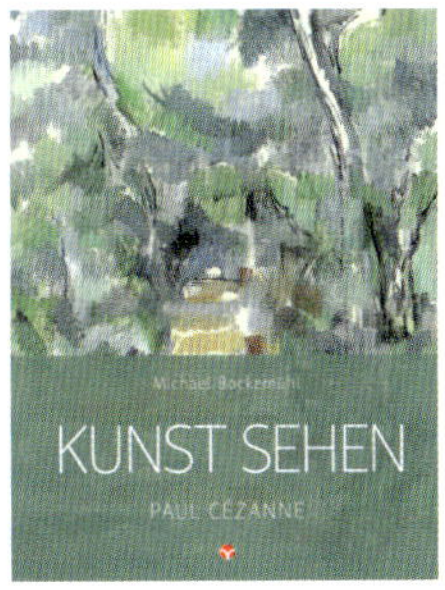

Band 5
Paul Cézanne

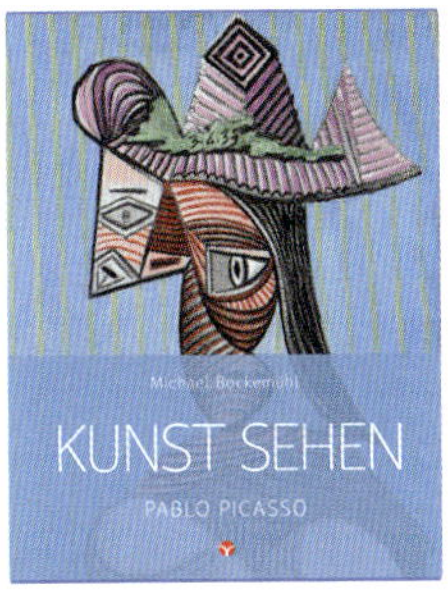

Band 6
Pablo Picasso

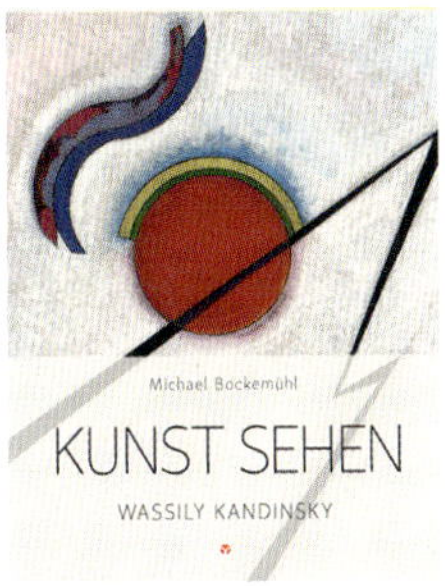

Band 7
Wassily Kandinsky

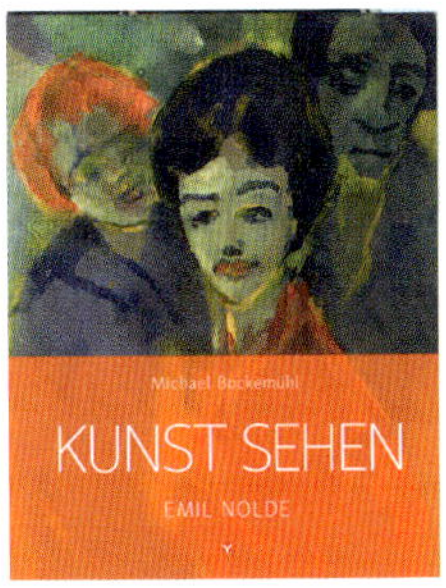

Band 8
Emil Nolde

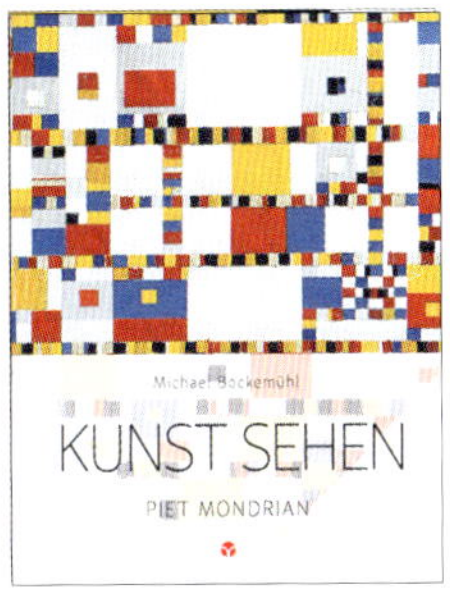

Band 9
Piet Mondrian

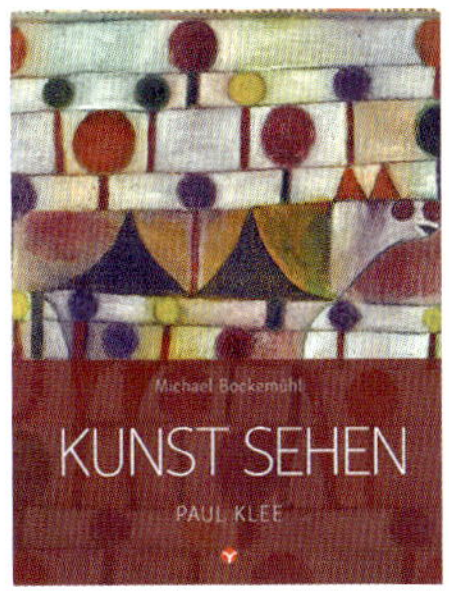

Band 10
Paul Klee

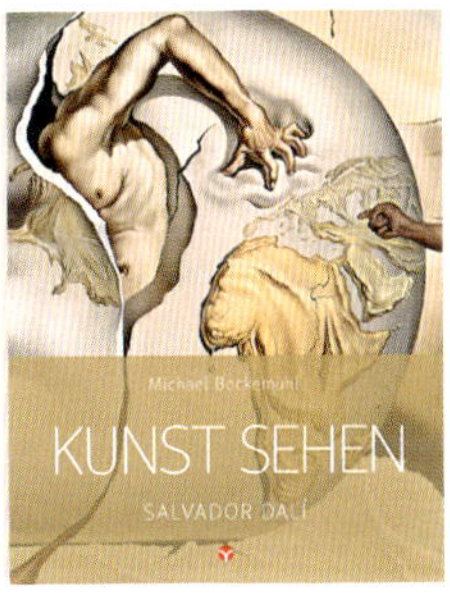

Band 11
Salvador Dalí

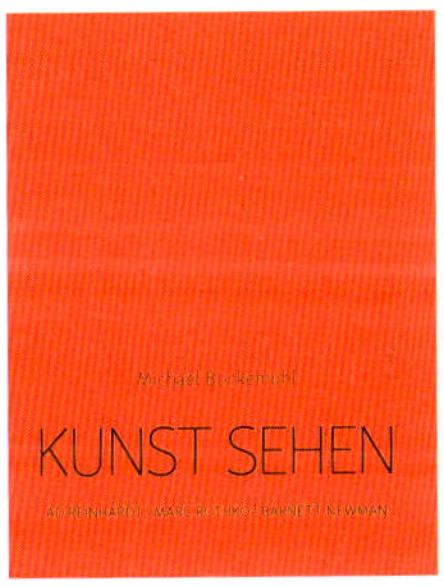

Band 12
Ad Reinhardt,
Marc Rothko,
Barnett Newman

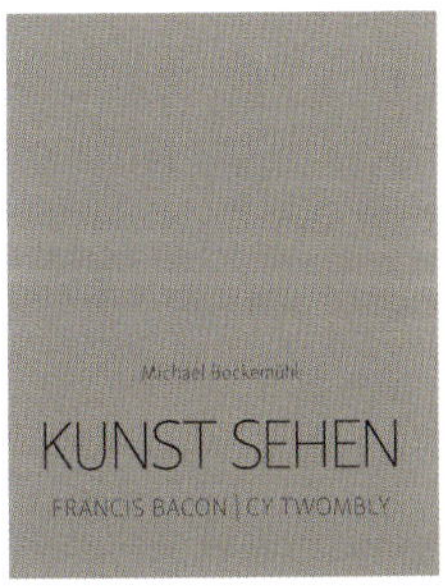

Band 13
Francis Bacon /
Cy Twombly

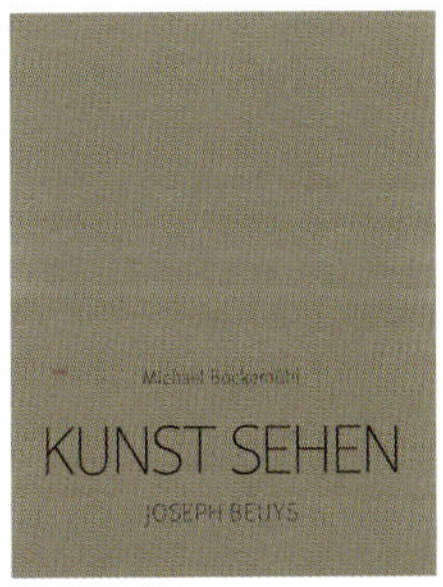

Band 14
Joseph Beuys

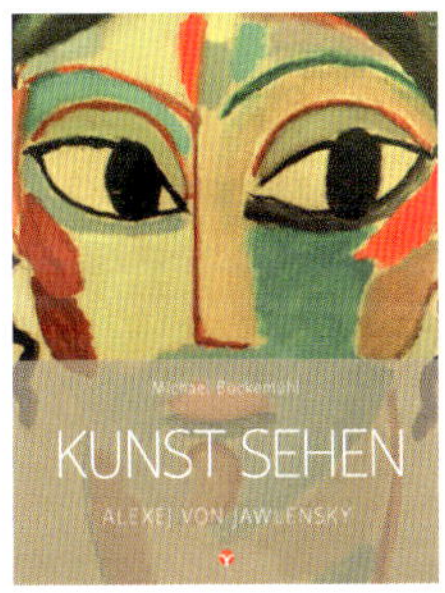

Band 15
Alexej von Jawlensky

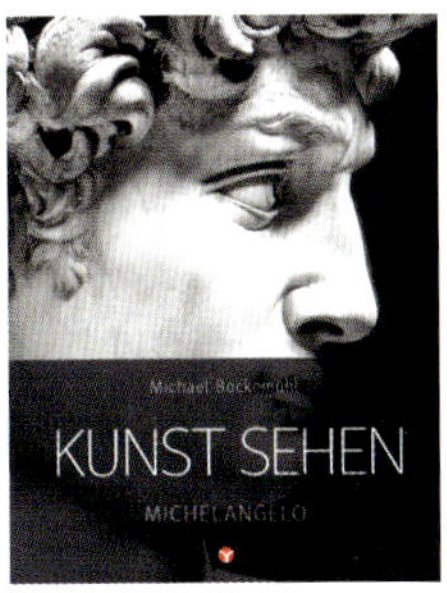

Band 16
Michelangelo

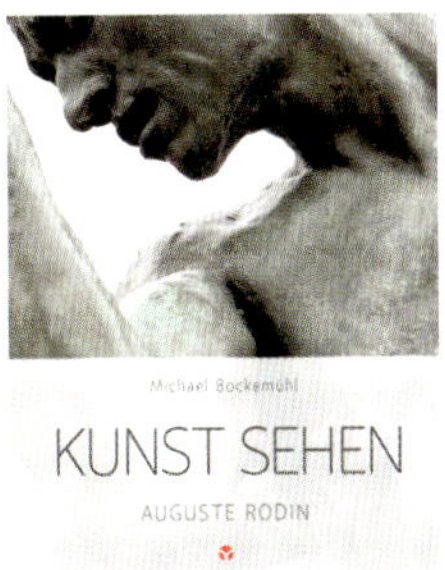

Band 17
Auguste Rodin

Band 18
Hans Arp

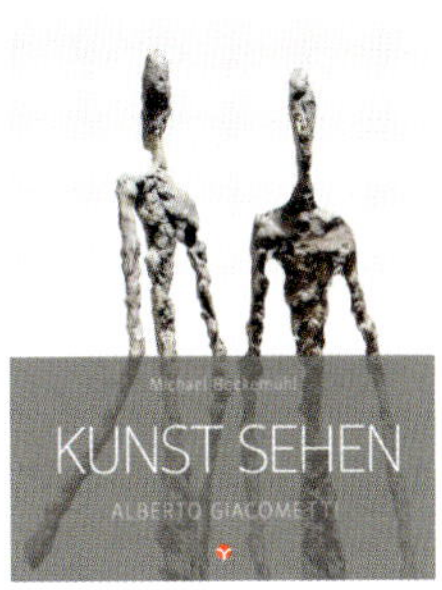

Band 19
Alberto Giacometti

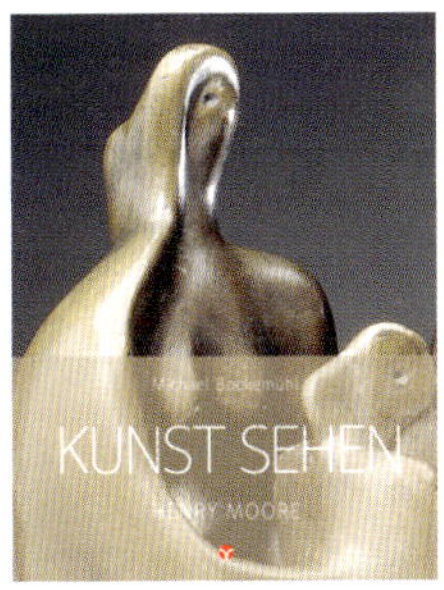

Band 20
Henry Moore

Voraussichtlicher Abschluss der Edition: 2021
Einzelbände für € 16,80
Im Abonnement für € 14,80
Infos unter:
www.info3.de/kunst-sehen
www.kunst-sehen.com

INFO3 VERLAG

IMPRESSUM

Bibliographische Information der Deutschen Nationalbibliothek:
Die Deutsche Nationalbibliothek verzeichnet diese
Publikation in der Deutschen Nationalbibliographie;
detaillierte bibliographische Daten sind im Internet über
http://dnb.ddb.de abrufbar.

ISBN 978-3-95779-072-9

Erste Auflage 2020

© 2020 Info3-Verlagsgesellschaft Brüll & Heisterkamp KG,
Frankfurt am Main

Typographie, Satz und Umschlag:
Frank Schubert, Frankfurt am Main unter Verwendung einer Detailabbildung des Gemäldes *Kamel in rhythmischer Baumlandschaft*, S.47

Druck und Bindung: Dilling Printmedien, Kreuztal

INFO3 VERLAG

Kirchgartenstr. 1, 60439 Frankfurt
Tel. 069-57 000 892, Fax +49-69-58 46 16
vertrieb@info3.de

WWW.INFO3.DE

HERAUSGEBER:
David v. Hornemann Laer
Fakultät für Kulturreflexion
Universität Witten/Herdecke
Alfred-Herrhausen-Str. 50, 58448 Witten
eMail: david.hornemannvonlaer@uni-wh.de
www.kunst-sehen.com